Tobias Schumann

Gesunde Schule - Gesundes Lernen - Gesunde Menschen

Tobias Schumann

Gesunde Schule - Gesundes Lernen - Gesunde Menschen

Neurowissenschaftliche Aspekte gesunder Lernumgebungen

Trainerverlag

Imprint

Cover image: www.ingimage.com

Publisher:
Der Trainerverlag
is a trademark of
Dodo Books Indian Ocean Ltd. and OmniScriptum S.R.L publishing group

120 High Road, East Finchley, London, N2 9ED, United Kingdom
Str. Armeneasca 28/1, office 1, Chisinau MD-2012, Republic of Moldova, Europe
Managing Directors: Ieva Konstantinova, Victoria Ursu
info@omniscriptum.com

Printed at: see last page
ISBN: 978-620-2-49409-0

Gesunde Schule – Gesundes Lernen – Gesunde Menschen

Neurowissenschaftliche Aspekte gesunder Lernumgebungen

Zum Geleit

Das vorliegende Buch entstand als ein Ergebnis meines Studiums zum „Master of cognitive neuroscience“ (AON) in Köln. Während der heißen Sommertage 2018 erschloss ich quasi im Selbstversuch noch einmal die wundersame Welt des lebenslangen intensiven Lernens und hatte meine Freude am schweißtreibenden Flowprozess des Entstehens eines Buches. Klar scheint allerdings auch, dass gelingende Flowprozesse Wegbereiter, Begleiter und Unterstützer brauchen. In diesem Sinne danke ich all denen, die diese Rollen übernahmen und aushielten: meine Familie, die den Sommerurlaub ohne mich verbrachte und mich mehr als geistig abwesend als präsent bei gemeinsamen Mahlzeiten erlebten; Freunden, die meine geschriebenen Worte lasen und mir anregendes und kritisches Feedback bescherten; meinen Kolleg*Innen an der Freien Werkschule, die meine häufigen Studienaufenthalte in Köln und geistigen Kapriolen zu kompensieren bereit waren und mit mir in einer wunderbaren Zusammenarbeit die schulischen Entwicklungsprozesse ermöglichen; den Kindern in meiner Schule, von denen ich in vielen Jahren als Lernbegleiter sehr viel lernen durfte; Jesper Juul, der mich durch Gespräche und Schriften immer wieder in meiner Haltung wachsen ließ; den Professoren der AON – insbesondere Professor Gerhard Roth – deren intensiven Impulse mein neurowissenschaftliches Denken entwickeln halfen und nicht zuletzt der Geschäftsführerin der Freien Werkschule Meißen, die mich unkompliziert als Lektorin und Kritikerin in meiner Arbeit unterstützte.

Scharfenberg im November 2018

Vorwort Prof. Dr. Dr. Gerhard Roth

Die vorliegende Arbeit befasst sich mit dem Zusammenhang von schulischem Lernen, Gesundheit und Glück/Zufriedenheit. Der Autor hofft, dass die Vermittlung neurobiologischen Wissens dazu führt, Schule zu einem Ort körperlicher und seelischer Gesundheit werden zu lassen. Ausgangspunkt ist dabei die Aussage der Psychologin und Glücksforscherin Sonja Lyubomirsky, dass jeder Mensch in seinem Glücksempfinden zu etwa 50 Prozent „genetisch fixiert" und damit relativ unveränderbar sei, zu weiteren 40-50 Prozent aber durch persönliches bewusstes Handeln beeinflussen könne. Dies ist das Credo der „positiven Psychologie", die eng mit der Transaktionsanalyse-Lehre von Berne verbunden ist. Während das Verhältnis von 50-50 durchaus realistisch sein mag, sind die Einzelfaktoren jedoch komplex: auf der „genetischen" Seite spielen epigenetische Faktoren eine viel größere Rolle als Gene, und erstere können auch durch die Umwelt beeinflusst werden, auf der „Umweltseite" muss der Wirkungsgrad „persönlich-bewussten Handelns" eingeschränkt werden zugunsten von Faktoren, die sich eher auf der intuitiven bzw. unbewussten Ebene abspielen. Zweifellos aber spielt der Faktor positiven Denkens eine wichtige Rolle, insbesondere wenn es automatisiert wird, aber da gibt es noch viel zu erforschen.

Ausgehend von der Vorstellung von „Schule als Entwicklungsort" diskutiert der Autor die neurobiologischen Grundlagen der Persönlichkeitsentwicklung, von Bewusstsein, Aufmerksamkeit und des Lernens, gefolgt von Ausführungen über Motivation und Belohnung, Lernen und Gedächtnis und schließlich Kommunikation. In kompetenter Weise widmet sich der Autor den verschiedenen Herausforderungen der modernen Wissensgesellschaft und Arbeitswelt, gefolgt von einer lesenswerten Betrachtung über die gegenwärtige Situation des deutschen Schulsystems hinsichtlich der Lehrerschaft, Schüler- und Elternschaft, die als prekär eingestuft wird. Eine Besserung kann nach Ansicht des Autors nur eintreten, wenn die Grundprinzipien einer gesunden Persönlichkeitsentwicklung mehr berücksichtigt werden. Der Autor erläutert dies am Beispiel der „Freien Werkschule Meißen", die er als vorbildlich ansieht. Dabei verbindet er seine Beobachtungen mit pädagogischen Empfehlungen, die in den vergangenen Jahren John Hattie propagiert hat. Die Arbeit ist verständlich, lesenswert und fachlich kompetent geschrieben und bietet viele Anregung für eine bessere und gesündere Schulpraxis.

Abstract

Menschliches Wohlbefinden, Glück und Gesundheit stehen in einem engen Zusammenhang.

In unseren Schulen sollen Heranwachsende wesentliche Impulse für ein glückliches, sinnstiftendes und gesundes Leben als Erwachsene erhalten. Sind sich die in diesen Lernumgebungen agierenden Erwachsenen ihrer enormen Verantwortung bewusst, maßgeblich und nachhaltig menschliche Entwicklungs- und Lernprozesse und damit heranwachsende Persönlichkeit beeinflussen zu können?
Welche Kompetenzen benötigen Menschen, um den Herausforderungen des heutigen Lebens gewachsen zu sein, also glücklich, zufrieden und gesund leben und sich entwickeln zu können?
Die vorliegende Arbeit versucht, auf der Basis aktueller neurowissenschaftlicher Erkenntnisse Ansätze für gelingende und gesunde schulische Lernumgebungen für Heranwachsende zu beschreiben.
Dabei verfolgt die Arbeit die Hypothese, *dass effektives, gelingendes und gesundes Lernen in der Schule nur möglich ist, wenn der Lernort SCHULE einen gesunden Organismus darstellt.*
Daher erscheint es logisch, in die Betrachtungen sowohl Lernende, Lehrende, Eltern und Familien, als auch gesellschaftliche Paradigmen einzubeziehen.

Prolog

Begegnungen in Trauer und Freude

In einer Stadt im Osten des Landes steht ein Dom. Ihm gegenüber, am anderen Flussufer zwischen Weinbergen und einem kleinen Waldstück liegt eine Schule. Früher war hier ein Krankenhaus. Heute lernen an diesem Ort etwa 400 Kinder und Jugendliche in einer freien Schule.

Im Dachgeschoss der Primaria wohnen die DaVincis – Kinder im Alter von sechs bis zehn Jahren und drei Lernbegleiter. Gemeinsam verbringen wir hier viele Stunden des Tages. Wir nennen uns DaVincis, weil wir wie der große Leonardo da Vinci die Welt erkunden wollen - entdecken, wie viele wundersame Orte und Geheimnisse es dort gibt... Die vielen Fragen, die wir miteinander teilen, die Antworten, die wir manchmal finden, die Möglichkeiten, die sich aus den Gedanken Vieler ergeben, lassen uns eine Verbindung erleben, die besonders und wertvoll erscheint. Wir lernen voneinander und entwickeln uns miteinander, weil wir voneinander wissen, dass wir nicht alles wissen können... Dieser Ansatz gilt für uns Erwachsene im DaVinci-Team ebenso wie für die Kinder, die Eltern uns über vier Jahre in unserer Grundschule anvertrauen.

Es ist Juni. Die Sonne steht schon über den Dächern der Stadt und wirft gelbes Licht in die östlichen Fenster. Zwei Mädchen kommen an den Tisch, an dem ich einen Morgenkaffee genieße. Es ist acht Uhr - Ankommenszeit bei den DaVincis. „Tobias, wir brauchen Deine Hilfe! Sarah ist sehr traurig. Ihr Opa ist gestorben heute Nacht, und sie konnte nicht Abschied nehmen von ihm.“ Ich sehe in Augen, aus denen Mitgefühl, Hilflosigkeit und der Wunsch nach Fürsorge sprechen. „Wo ist Sarah denn? Ich habe sie heute Morgen noch gar nicht gesehen.“ „Sie sitzt oben auf dem Sofa in der Leseecke. Riah und Katharina sind bei ihr. Aber sie weint ganz bitterlich.“

Ronja und Nele begleiten mich zur Leseecke. Im gemütlichen Sofa haben die beiden Mädchen die Arme um Sarah gelegt. Katharinas Hand streicht ihr sanft über den Rücken. Riah rückt zur Seite, damit ich neben Sarah sitzen kann. So sind wir zehn Minuten still nebeneinander. Es braucht in diesem Moment scheinbar keine Worte. Ronja und Nele haben auf dem Teppich Platz genommen.

„Und dabei wollte ich mich noch von Opa verabschieden. Und jetzt ist er einfach weg!“ Sarah lehnt sich an meine Schulter, und mir steigen Tränen in die Augen. „Vorgestern kam er ins Krankenhaus, und ich konnte ihn nicht mehr sehen.“

„Was hättest Du ihm denn gerne sagen wollen?“ frage ich sie. „Naja, dass ich ihn ganz doll lieb habe und dauernd an ihn denken muss. Und dass ich noch ganz viel mit ihm machen und erleben wollte…“
„Ihr habt viel zusammen unternommen?“ „Ja, immer wenn ich ihn besuchte, hatte er neue Ideen.“ Und so erzählt Sarah von tollen Erlebnissen mit ihren Großeltern. Die Mädchen steuern lustige Geschichten bei und ich erzähle, dass ich meine Großväter nie persönlich treffen konnte, weil sie bereits starben, bevor ich geboren war, aber viele Geschichten über sie wüßte, die mir meine Großmutter erzählte. So sitzen wir eine halbe Stunde. Eine halbe Etage weiter unten wird der Morgenkreis gerichtet. Ich frage Sarah, ob sie sich vorstellen kann, im Morgenkreis dabei zu sein. „Ja“ meint sie, „wenn ihr mir helft.“
„Möchtest Du selbst etwas dazu sagen im Morgenkreis?“ „Nein. Das schaffe ich nicht. Kannst Du es für mich machen?“
„Ja, wir könnten unser Lebenslicht für deinen Großvater entzünden und unser Lied für ihn singen. Was meinst Du?“ Kleine Tränen kullern ihr über die Wangen. Sie probiert ein Lächeln und nickt.
So sitzen wir im Kreis. Es ist still, ohne dass jemand für Stille sorgt. Wir zünden die Kerze an. Es ist Raum für ein paar Worte, wie nah traurige und glückliche Erfahrungen beieinander zu liegen scheinen. Matthias geht quer durch den Kreis zu Sarah. Er legt ihr seine Hand auf die Schulter: „Ich weiß genau, wie es dir geht. Als mein Vater gestorben ist, wusste ich nicht mehr, was ich machen sollte. Ich bin froh, dass ich immer wenn ich traurig bin, für ihn eine besondere Kerze anzünden kann. Dann bin ich ganz nah bei ihm und erinnere mich an schöne Erlebnisse.“
Unser Geburtstagslied, das wir in diesem Kreis singen, handelt von all den guten Wünschen, die Menschen im Leben vielleicht gut gebrauchen können. Mit jeder Strophe scheint die Schwere aus dem Kreis zu weichen und macht Raum für Hoffnung und Begegnung.
Es sind die letzten Tage im Schuljahr. Wir sind mitten in den Dreharbeiten zu unserem Film „Was Du schon immer über die DaVincis wissen wolltest.“ Nach dem Morgenkreis bereiten die Kinder die nächsten Szenen vor. Sarah hat in diesem Film eine lustige Rolle, in der sie gemeinsam mit ihren Freundinnen den Lehrern einen Streich spielt. „Darf ich heute denn solch eine Sache machen, obwohl doch mein Opa gestorben ist?“ fragt sie mich. „Glaubst du denn, dass du heute die lustige Sarah spielen kannst?“
„Ja!“, meint sie und lacht. „Vorhin war ich sehr traurig, aber jetzt kann ich lachen und Opa hätte sicher seinen Spaß daran!“

Am Nachmittag dieses wundersamen Tages sprechen wir noch im Team miteinander. Es ist eine große Freude für mich, mit diesen Kolleginnen zusammenarbeiten zu dürfen und das Leben ohne viele Worte oder Vorbehalte miteinander zu teilen.
Am Nachmittag schreibe ich mit Sarahs Erlaubnis eine eMail an ihre Eltern. Sie hatte mir erzählt, dass ihr Vater so traurig sei. Viele Wochen später komme ich dann mit ihm ins Gespräch. Wir sind beide angekommen.

Viele Impulse meiner täglichen Arbeit als Lernbegleiter, Schulleiter, Coach und Berater schöpfe ich aus Begegnungen mit Jesper Juul und seinen Texten. Am wichtigsten scheinen mir aber die Begegnungen. Wann immer ich ihn zitiere oder in Situationen bin, in denen ich handle, spüre ich ihn im Hintergrund, mit seiner besonderen, gleichwürdigen Ruhe und einem fast sanften Lächeln einer Idee im Gesicht: „DU weißt, was du tun musst."

Wenn wir bereit sind, mit uns selbst in Kontakt zu sein, wenn wir unsere Emotionen erkennen und mit Menschen in ehrlicher und direkter Beziehung teilen, wenn wir zulassen, nicht zu wissen und Freude daran haben, mit anderen Menschen, gleich welchen Alters, zu lernen und uns zu entwickeln, wenn wir Verantwortung übernehmen – können Lernen und Lehren, Beratung und Begleitung, Partnerschaft und Beziehung – eben das ganze Leben - gelingen. „Im Zweifelsfall hilft immer die Wahrheit!" (J. Juul)

Inhalt

1. Gesundheit, Wohlbefinden und Glück – Grundaspekte menschlichen Lebens

1.1 Einleitung

Menschliches Wohlbefinden, Glück und Gesundheit scheinen in einem engen Zusammenhang zu stehen.

In der Satzung der Weltgesundheitsorganisation (WHO, gegründet 1948) wird der Begriff der Gesundheit beschrieben als „ein Zustand völligen psychischen, physischen und sozialen Wohlbefindens und nicht nur das Freisein von Krankheit und Gebrechen. Sich des bestmöglichen Gesundheitszustandes zu erfreuen, ist ein Grundrecht jedes Menschen, ohne Unterschied der Rasse, der Religion, der politischen Überzeugung, der wirtschaftlichen oder sozialen Stellung.“ [1]

Mit dieser Definition beschreibt die WHO Gesundheit nicht als einmal erreichten Zustand, sondern als eine im alltäglichen Leben immer wieder herzustellende Balance. Mit der Ottawa-Charta zur Gesundheitsförderung (1978)[2] und der darauf fußenden Jakarta-Deklaration (1997)[3] weist die WHO der persönlichen Gesundheitsvorsorge und der Befähigung der Menschen zu einer größeren Verantwortung für ihre Gesundheit eine besondere Bedeutung zu. Gesundheit ist demnach nicht ausschließlich Sache des medizinischen Versorgungssektors, sondern Aufgabe aller gesellschaftlichen Bereiche mit dem Ziel der umfassenden Förderung von Gesundheit und Wohlbefinden.

Gleichsam kommt dem einzelnen Menschen eine individuelle Verantwortung für seine persönliche Fürsorge für Gesundheit und Wohlbefinden zu. *Des eigenen Glückes Schmied zu sein,* erhält in diesem Kontext eine völlig neue Dimension. Untersuchungen von Sonja Lyubomirsky zu Folge, scheint jeder Mensch mit einem persönlichen, genetisch veranlagten „Glücksfixpunkt“ ausgestattet zu sein, der als individuelle Basis unseres Glücksempfindens fungiert und das Glücksniveau zu 50 Prozent ausmacht.[4, 5]

---

[1] Vgl. WHO (1984), S.1
[2] Vgl. WHO (1986), S.1f.
[3] Vgl. WHO (1997), S.1f.
[4] Vgl. LYKKEN, D., TELLEGEN, A. (1996), S.186 – 189
[5] Vgl. LYOBOMIRSKY,T. (2018), S.30

Nur weitere 10 Prozent unseres Glücksniveaus sind demnach von äußeren, nicht beeinflussbaren Faktoren bestimmt.[6]
Die verbleibenden 40 Prozent scheinen verfügbar, um durch persönliches, bewusstes Handeln und Denken gestaltbar zu sein.[7] Aus diesem Modellansatz lässt sich ableiten, dass *„Glücklichsein"* erlernbar ist, aber auch erlernt werden muss.

In den Studien an der Harvard Medical School „Grant Study und Glueck Study", in denen seit 1938 kontinuierlich Faktoren der Lebenszufriedenheit, von Glück und Gesundheit an über 700 Menschen und deren Kindern und Kindeskindern erhoben und erforscht werden, ergeben sich als wesentliche Faktoren eines zufriedenen, glückvollen und gesunden Lebens folgende fünf Faktoren:[8, 9]

- Eine sinnstiftende Aufgabe/ Tätigkeit haben
- Sich trennen/ loslassen können
- Vertrauen/Glauben können, angebunden sein
- Geben können - Altruismus
- Lieben können und geliebt werden

Eine weitere Erkenntnis der „Grant Study" ist, dass empfundenes Lebensglück nicht unmittelbar von der physischen Gesundheit des Menschen abzuhängen scheint, wohl aber empfundenes Lebensglück in der Kindheit das wahrgenommene Gesundheitsempfinden im späteren Leben positiv beeinflussen kann.[10]

In diesem Kontext erscheint es sinnvoll, den oben beschriebenen WHO-Begriff der Gesundheit als Zustand völligen psychischen, physischen, sozialen, *spirituellen und kulturellen* Wohlbefindens zu erweitern. Glück und Gesundheit im beschriebenen Sinne erscheinen damit als anstrebenswerter Zustand, wobei regelmäßige Zustände individuellen Glücks förderlich und maßgeblich für die Gesundheit und das Gesundheitsempfinden sind. Der menschliche Organismus scheint also intrinsisch nach diesem Gleichgewichtszustand zu streben. Gleichsam weisen aktuelle wissenschaftliche Erkenntnisse

---

[6] Vgl. DIENER, E., SUH, E.M., LUCAS, R.E. UND SMITH, H.L. (1999), S.276-302
[7] Vgl. LYUBOMIRSKY, T. (2018), S.32
[8] Vgl. WALDINGER, R.J. (2015)
[9] Vgl. SOLDZ, S., VAILLANT, G.E. (1999), S. 208–232
[10] Vgl. SHAH, B., BARSKY, J., VAILLANT, G., WALDINGER, R.J. (2014), S.1f.

darauf hin, dass bisher als nicht bewusst oder autonom angesehene Prozesse des menschlichen Organismus in Teilen durchaus bewusst beeinflusst werden können.[11] [12]

Bereits Galen (130 n.Chr.) und später Rudolf Virchow (19. Jhd.) weisen der Selbstfürsorge als wesentlichem Grundpfeiler von Gesundheit und Wohlbefinden eine große Bedeutung zu und beschreiben Krankheit als Instabilität oder Überfordertsein körperlicher Selbstheilungsprozesse.[13]
Räume und Fähigkeiten für gesundes Dasein, Wohlbefinden und Glück zu gestalten, bereitzustellen aber eben auch zu verstehen und zu erlernen, scheinen nicht nur eine wichtige Herausforderung der heutigen Zeit zu sein, die das Bestehen des Einzelnen im Kontext einer wachsenden und sich permanent globalisierenden Gesellschaft zum Ziele hat, sondern ein wiederkehrender im Verlauf der Zeit mehr oder weniger bewusster und mit Beachtung versehener Prozess in der Menschheitsgeschichte.
Nimmt man die Kernfaktoren der „Grant Study" als Basis für gelingendes Leben an, gilt es, die individuelle Erfüllung dieser Rahmenbedingungen für jeden Menschen möglich zu machen. Dafür wäre es erforderlich, die Erkenntnisse anhand anderer wissenschaftlicher Ergebnisse zu untermauern und zu interpretieren und mittels Umsetzungshypothesen in verschiedene Kontexte menschlichen Lebens zu transferieren.
Die vorliegende Arbeit versucht dies zumindest ansatzweise für den Lebenskontext des schulischen Lernens in Deutschland.

1.2 Definitionen und Erkenntnisse

1.2.1 Gesundheit

Der Gesundheitsbegriff wird unter Ziffer 1 auf der Basis der Definitionen der Weltgesundheitsorganisation hinreichend beschrieben. Laut WHO ist dieser Status ein anstrebenswerter aber nie vollständig erreichbarer Zustand. Gesundheit ist demnach als kontinuierlicher Regulationsprozess zu verstehen.
Im Kontext der vorliegenden Arbeit ist die Begrifflichkeit in diesem erweiterten Sinne zu verstehen. Werden also Situationen, Prozesse oder Zustände als gesund beschrieben, ist gemeint, dass selbige der Gesundheit im oben beschriebenen Sinne zuträglich sind.

[11] Vgl. BENSON, H., STUART, EM. (1993)
[12] Vgl. AON (2016), S.5
[13] Ebd. S.6-7

1.2.2 Glück

„Glück“ im Sinne der Fähigkeit, sich glücklich zu fühlen, scheint nach Erkenntnissen von Sonja Lyubomirsky und Burghard Pleger von einer sogenannten genetisch bedingten Basisausstattung auszugehen. Der sogenannte „Happiness Setpoint“ kann mit einer „Werksausstattung“ oder nach Burghard Pleger mit einer „Klaviatur des Glücks“ verglichen werden, die es dem Menschen individuell ermöglicht, Glück zu empfinden. Diese Fertigkeiten basieren auf einem komplizierten neurobiologischen Mechanismus, der individuell von Mensch zu Mensch in feinen Nuancen abzuweichen scheint.[14]
Forschungsergebnisse, wie z.B. die aus der „Grant Study“ lassen allerdings den Schluss zu, dass trotz dieser angeborenen „Basisausstattung“, deren Gesamtanteil mit etwa 50% angenommen wird, andere Faktoren Einfluss auf das individuelle Lebensglück haben. Die Glücksforscherin Sonja Lyubomirsky geht davon aus, dass etwa 40% auf einen Bereich entfallen, der durch den Menschen individuell kontrollierbar und damit auch trainierbar ist: *„ Wir haben 40 Prozent Spielraum, um unser Glück durch unsere alltäglichen Handlungen und Gedanken zu vergrößern oder zu verkleinern. “*[15]

1.2.3 Neurobiologische Erscheinungsformen des Glücks

Glück ist eng verbunden mit Belohnung und Motivation. Psychologen und Neurowissenschaftler unterscheiden in diesem Zusammenhang drei unterschiedliche Erscheinungsformen des Glücksempfindens und der zugehörigen Erwartung und Belohnung. Der Psychologe Rick Hanson bezeichnet diese Typen als A – approach, B – avoid und C – affiliate/attach als sogenanntes „Dreieck der Zufriedenheit.“ [16]

Der Typ-A-Glück wird beschrieben als das Suchen und Finden, die schnelle Belohnung, die Lust, das Antizipieren und Erreichen von Dingen, die man sich vorgenommen hat, Wachstum und Erfolg, begleitet von Freude und Spaß. Er umfasst auch das erfolgreiche Lösen und Erkennen von Problemen und Aufgaben intellektueller Natur – also selbsttätigen Wissenserwerb und Erkenntnis. Dieser Glückstyp scheint eng verbunden mit den

---

[14] Vgl. ESCH, T. (2017), S.164
[15] Vgl. LYUBOMIRSKY, T. (2018), S.32
[16] Vgl. HANSON, R. (2010), S.9

Aktivitäten des nucleus accumbens, dem limbischen Bogen und den mesolimbischen Bahnen.

Der Typ-B-Glück wird beschrieben als Vermeiden dessen, was man nicht will, als Wettbewerb, Druckbewältigung, Entkommen aus kritischen Situationen, Vermeidung von Angst und Stress und die entsprechende Belohnung im Sinne von Erleichterung durch Vermeidung.
Der Glückstyp B ist eng verbunden mit der Aktivität der Amygdala und der Stress- und Alarmsysteme unseres Nervensystems.

Die Glückstypen A und B werden als Grundvoraussetzung von Typ C gesehen. Dieser wird beschrieben mit Angeschlossen- und Verbundensein, Affiliation und Kooperation mit den Dingen und Partnern wie sie sind, einer wachsenden Akzeptanz dessen, was ist und kommt – und dem Gefühl einer anhaltenden inneren Zufriedenheit. Neurobiologisch wird dieser Typ in den Affiliationsarealen im Mittel- und Stammhirn verortet. Typ C-Glück scheint von Lebenserfahrung und durchlebten (und bewältigten) Stresssituationen abzuhängen.[17]

1.2.4 Zusammenhang von Glück und Gesundheit

Nimmt man Glücksempfinden als Bestandteil autoregulativer Prozesse des menschlichen Organismus an, muss Glücksempfinden als prozesshaft angesehen werden. Glücksempfinden kann also nicht dauerhaft sein, sondern nur temporär in nicht vorherbestimmbarer Periodizität. Glück ist demnach nicht Stillstand, sondern kann eher als ein Motor der Lebensbewegung und Entwicklung angesehen werden:
„Das Glück scheint sich also positiv auf sämtliche Lebensbereiche auszuwirken. Wenn wir glücklicher sind, erfahren wir nicht nur mehr Freude, Zufriedenheit, Liebe, Stolz und Staunen, wir verbessern auch andere Aspekte unseres Lebens wie unsere Energie, unser Immunsystem, unser Engagement am Arbeitsplatz, unser Verhältnis zu anderen Menschen sowie unsere körperliche und geistige Gesundheit.“[18]
Die Annahme, dass Glück zu 40% trainier- und beeinflussbar sei, ergibt natürlich auch das Erfordernis, die Möglichkeit zu haben, Kompetenzen zur Gestaltung des

[17] Vgl. ESCH, T. (2017), S.145-147
[18] Ebd. S.35

individuellen Glücks erwerben zu können. Glücklichsein muss also gelernt werden und erlernt werden können.

1.3 Reifung und Entwicklung

Der Mediziner Volker Rausch bezeichnet das individuelle menschliche Leben als *„keine Generalprobe, sondern bereits die Aufführung"*. Insofern scheint es mit dem Beginn eines jeden Lebens darum zu gehen, sich ausgestattet *„...mit dem größtmöglichen Freiheits- und Anpassungspotenzial, aber einem unreifen und auf die vielen konkreten, unterschiedlichen Herausforderungen des Lebens nur unzureichend vorbereiteten Gehirn,..., möglichst schnell die (neue) Umwelt und das soziale Umfeld so wahrzunehmen, dass man sie sich „einverleiben" und „internalisieren" kann, d. h. Anteil hat und selbst Teil wird, dass man sich also möglichst optimal aus der (unbewussten) Authentizität im Mutterleib auf die Gesellschaft und die Anforderungen der eigenen – möglichst selbstständigen – Existenz einstellt: Autonomie, Freiheit und Wachstum, ohne dabei eine schützende und nährende Verbundenheit völlig aufgeben zu müssen."*[19]

Reifung und Anpassung erscheinen daher als Ziel von Motivation und Belohnung und letztlich von Glück und in direkter Abhängigkeit konkreter Umwelt- und Umfeldbedingungen. Um den von Tobias Esch beschriebenen Reifungsprozess bis hin zum Zustand der *„selbstbewussten Verbundenheit"*[20] und damit zu einem zufriedenen Leben zu führen und sich lebenslang entwickeln zu können, scheint es vor allem in den kritischen Entwicklungsphasen von frühester Kindheit bis hin zum frühen Erwachsenenalter geeigneter und gedeihlicher Umgebungsbedingungen und Mentoren zu bedürfen.

[19] Vgl. ESCH, T. (2017), S.127-128

[20] Ebd. S.128

1.4 Schule als Entwicklungsort

Einen großen Zeitanteil des unter Ziffer 1.3 beschriebenen persönlichen Reifungsprozesses verbringen Kinder und Jugendliche in Deutschland in sozialen Einrichtungen wie Kinderkrippen, Kindergärten, bei Tagesmüttern oder -vätern, der Schule, Berufsschulen oder anderen Bildungseinrichtungen. Zirka ein Drittel aller Kinder im Alter von 0 – 2 Jahren und 93,4% aller Kinder im Alter von 3 – 5 Jahren wurden 2017 in Kindertageseinrichtungen betreut.[21]
Deutsche Kinder und Jugendliche arbeiten laut einer Umfrage von UNICEF (2012) durchschnittlich mehr als 38,5 Stunden pro Woche in und für die Schule und haben daher einen erwachsenenähnlichen Arbeitstag.[22]
In unseren Schulen sollen Heranwachsende wesentliche Impulse für ein erfülltes Leben als Erwachsene erhalten. Den in diesen Lernumgebungen agierenden Erwachsenen kommt somit eine enorme Verantwortung zu, da sie maßgeblich und nachhaltig menschliche Entwicklungs- und Lernprozesse und damit heranwachsende Persönlichkeit beeinflussen können.

Schulen könnten also, mit Worten von Reinhard Kahl „*Treibhäuser der Zukunft*“ sein.[23]
Doch sind sich Eltern, Pädagog_Innen und Gesellschaft der enormen Tragweite dieses „Auftrages“ tatsächlich bewusst und sind die Details und Ziele „dieser Aufgabe“ allgemein bekannt und besteht Einigkeit darüber?

Die vorliegende Arbeit versucht, auf der Basis aktueller neurowissenschaftlicher und psychlogischer Erkenntnisse Ansätze für gelingende und gesunde schulische Lernumgebungen für Heranwachsende zu beschreiben. Dabei wird die Hypothese verfolgt, *dass effektives, gelingendes und gesundes Lernen in der Schule nur möglich ist, wenn der Lernort SCHULE einen gesunden Organismus darstellt.* Es erscheint daher logisch, in die Betrachtungen sowohl Lernende, Lehrende, Eltern und Familien, als auch gesellschaftliche Paradigmen einzubeziehen.

---

[21] Vgl. DESTATIS (2017)
[22] Vgl. UNICEF DEUTRSCHLAND (2012)
[23] Vgl. KAHL, R. (2004)

2. Ausgewählte neurowissenschaftliche und psychologische Aspekte des Lernens

2.1 Persönlichkeit und Bewusstsein

2.1.1 Einleitung

Ein über alle Veränderungen im Leben zeitlich stabiles Muster im Denken, Fühlen und Handeln der meisten erwachsenen Menschen wird als *Persönlichkeit* beschrieben. Dabei scheinen sich die Menschen in unterschiedlichen Kombinationen von *Temperament, Gewohnheiten, Intellekt, Gefühlen* und *der Art des Handelns* zu unterscheiden. Ausgehend von der Beobachtung, dass sich die Persönlichkeit eines Menschen von Kindheit an schrittweise herausbildet und anfangs noch gut beeinflussbar und formbar erscheint, zeigt sich, dass eine grundlegende Veränderung einer erwachsenen Persönlichkeit sich als schwer bis nicht machbar herausstellt.
Thesen und Modelle zur Beschreibung und Untersuchung von Persönlichkeit sind vielfältig und begleiten die Menschheitsgeschichte. Dabei umfasst das Spektrum der heutigen Auffassungen solche, die davon ausgehen, dass Persönlichkeit weitestgehend genetisch veranlagt (also ererbt) und damit später kaum formbar, sondern nur förderbar sei (Erziehungspessimismus). Dagegen geht die Strömung des *Behaviorismus* davon aus, dass alles am menschlichen Handeln erlernt und damit trainier- und formbar sei (Erziehungsoptimismus).
Neue neurowissenschaftliche und psychologische Erkenntnisse deuten allerdings darauf hin, dass sich genetisch determinierte Vorbedingungen und durch Umwelteinflüsse entstehende plastische Veränderungen im Gehirn des Menschen verbinden. Diese individuelle Verbindungsstruktur formt unsere Persönlichkeit.[24, 25]

2.1.2 Beschreibung von Persönlichkeit

Seit Menschengedenken existieren Ansätze, Persönlichkeit in geeigneter Weise zu beschreiben und zu bestimmen. Durch den sogenannten *differentiellen Ansatz* versuchen Psychologen zu beschreiben, in welchen Persönlichkeitsmerkmalen sich Menschen quantitativ und qualitativ unterscheiden. Dabei besteht die große Herausforderung darin, eine geeignete Menge von Grundmerkmalen zu definieren, die als Basis empirischer Erhebungen dienen. Heute gebräuchliche Persönlichkeitstest gehen von fünf

---

[24] Vgl. ROTH, G. (2016), S.19
[25] Vgl. AON (2015a), S.5

Grundfaktoren aus: Extraversion, Verträglichkeit, Gewissenhaftigkeit, Neurotizismus, und Offenheit/Intellekt aus. Sie werden als die *„Big Five"* bezeichnet und wurden durch die Psychologen Costa und McCrea um 1992 entwickelt.[26]
Der Psychologe Robert Cloninger unterscheidet in seiner 7-Faktoren-Theorie drei Charakter- und vier verschiedene Temperamentdimensionen: novelty seeking (= Neugierverhalten), harm avoidance (= Schadensvermeidung), reward dependence (= Belohnungsabhängigkeit) und persistence (= Beharrungsvermögen).[27] Diese scheinen einen Bezug zum unter Ziffer 1.2.3 beschriebenen *„Dreieck der Zufriedenheit"* in Verbindung mit den dort beschriebenen Glückstypen zuzulassen.

2.1.3 Das neurobiologische Vier-Ebenen-Modell der Persönlichkeit

Der mögliche Nachteil der unter Ziffer 2.1.2 beschriebenen Modelle, die zugrunde liegenden Persönlichkeitsmerkmale ausschließlich quantitativ-statistisch gewonnen zu haben, kann möglicherweise durch den Versuch gemildert werden, die Herausbildung von Persönlichkeitsmerkmalen in Zusammenhang mit Erkenntnissen über die Entwicklung funktioneller und struktureller Ebenen des Gehirns zu untersuchen und zu beschreiben. Unstrittig scheint inzwischen unter Psychologen und Neurowissenschaftlern, dass die Persönlichkeit eines Menschen mit den Eigenschaften seines Gehirns zusammenhängt.[28]
Im *Vier-Ebenen-Modell der Persönlichkeit* von Roth und Cierpka werden neurowissenschaftliche Kenntnisse über die mit der Ausprägung von Persönlichkeit verbundenen Hirnarealen und ihrer Interaktion und Plastizität zugrunde gelegt. Unter Plastizität ist hierbei die Fähigkeit des Gehirns zu verstehen, auf unterschiedliche Umwelteinflüsse in unterschiedlichem Maße durch strukturelle Veränderungen und Neuverschaltungen zu reagieren.
Das Limbische System ist ein wesentlicher Bestandteil des Gehirns, das für die Entstehung von Persönlichkeit verantwortlich zu sein scheint. Affekte, Gefühle, Motive, Gewissen, Empathie und Moral werden ursächlich vom limbischen System bestimmt und wirken als Steuerinstanz für das individuelle und soziale Handeln. *„Die subcorticalen Hirnzentren sind grundsätzlich dem Bewusstsein verschlossen."*[29]

---

[26] Vgl. AON (2015a), S.7
[27] Vgl. STEMMLER, G., et al. (2016)
[28] Vgl. AON (2015a), S.10
[29] Vgl. AON (2015a), S.11

Hirnzentren, die mit kognitiven Leistungen wie Wahrnehmen, Erkennen, Denken, Intelligenz, Vorstellung, Erinnerung und Handlungsplanung befasst sind, bilden den größten Teil der Großhirnrinde. Die Wechselwirkung zwischen limbischem System und den kognitiven Zentren des Isocortex bestimmen die Persönlichkeit eines Menschen wesentlich.

Vier-Ebenen-Modell der Persönlichkeit [30, 31]

Die vegetativ-affektive Ebene stellt die unterste Schicht des Modells dar und wird von der limbisch-vegetativen Grundachse des Gehirns gebildet. Diese Hirngebiete sichern durch verschiedene Regulationssysteme (Kontrolle von Stoffwechsel, Kreislauf, Blutdruck, Temperatur, Verdauungs- und Hormonsystem, Nahrungs- und Flüssigkeitsaufnahme, Wachen und Schlafen aber auch Angriffs- und Verteidigungsverhalten, Flucht und Erstarren, Aggressivität, Wut und Sexualverhalten) die biologische Existenz des Menschen. Störungen oder Defizite in diesen Systemen ziehen schwerwiegende körperliche Beeinträchtigungen nach sich.

Die Ausprägung der Mechanismen der vegetativ-affektiven Ebene ist überwiegend genetisch bestimmt und entzieht sich weitestgehend der Kontrolle oder Beeinflussung durch Erfahrung oder Willen. Epigenetische Prozesse während der Schwangerschaft können über das Gehirn der Mutter durch entsprechende Umwelteinflüsse ausgelöst werden und die Herausbildung der vegetativ-affektiven Ebene beeinflussen.

Die in der vegetativ-limbischen Ebene ablaufenden Prozesse sind völlig unbewusst und werden nur durch die in die Großhirnrinde projizierten Erregungen, also letztlich ihre Auswirkungen und wie wir diese bewusst verarbeiten, spürbar. Insofern scheint das *Temperament* eines Menschen, also welche Grundmerkmale sein Verhalten kennzeichnen, bereits vorgeburtlich als eine Mischung aus genetisch und epigenetisch bestimmten Merkmalen, vorbestimmt zu sein.

Etwas später, aber ebenso pränatal, entsteht die mittlere limbische Ebene als *Ebene der emotionalen Konditionierung*. Sie entwickelt sich vorgeburtlich und während der ersten Lebensjahre. Hauptakteure dieser Ebene sind die Amygdala und das mesolimbische System. Während die Amygdala die Aufgabe verfolgt, überwiegend negative, aber auch überraschende und positive Ereignisse mit Gefühlen der Furcht, Angst und

---

[30] Ebd. S.11 f.

[31] Vgl. ROTH, G. (2016) S.114 f.

Überraschung dauerhaft zu verknüpfen, wirkt das mesolimbische System als Antagonist aber auch Partner der Amygdala als *Belohnungssystem* im Gehirn. Es verbindet positive Ereignisse mit Spaß, Lust oder Freude. Zur Verknüpfung von Gefühlen mit Ereignissen, werden die über den Thalamus bereitgestellten Umwelt- und Körperinformationen der Sinnesorgane nach positiv oder negativ bewertet und als entsprechende Erfahrungen gespeichert. *„All dies ist Grundlage des Motivationssystems, und zwar über die Funktionen der Belohnungseinschätzung und Belohnungserwartung bzw. Risikoeinschätzung und Unlusterwartung."*[32]

Die vegetativ-affektive Ebene und die Ebene der emotionalen Konditionierung bilden zusammen die *unbewusste Grundlage der Persönlichkeit und des Selbst.* Sie bestimmen demnach, was wir gerne tun oder wiederholen, weil es mit Lust, Bedürfnisbefriedigung und Glücksgefühl einhergeht, aber auch das, was wir vermeiden oder verhindern wollen/ sollten, weil es mit Verlust, Schmerz, Aufwand oder Unlust verbunden ist.

„Diese Ebene bleibt ein Leben lang egoistisch-egozentrisch und stellt immer die Frage „Was habe ich davon?". Sie ist das Kleinkind in uns."[33]

Die limbischen Areale der Großhirnrinde, bestehend aus orbitofrontalem, ventromedialem, cingulärem und insulärem Cortex bilden die sogenannte *dritte* oder *obere limbische Ebene.* Sie ist über Faserbahnen in zwei Richtungen eng mit den außerhalb des Neocortex liegenden limbischen Zentren und insbesondere dem mesolimbischen System und der Amygdala verbunden. Der limbische Cortex ist verantwortlich für soziales Lernen, Sozialverhalten, Einschätzung der Auswirkungen eigenen Handelns, kooperatives Verhalten, ethische Normen, Aufmerksamkeitssteuerung, divergentes Denken, Risikoabschätzung, Belohnungserwartung, Schmerz- und Verlustbewertung, die emotionale Gesichtserkennung (und damit die Grundlage von *Empathie)* und das bewusste Gefühlserleben. Die entsprechenden Areale haben die längste Reifezeit, die in der Kindheit beginnt und erst im Alter von 16 – 20 Jahren abgeschlossen ist.

Daher gilt diese Ebene auch als entscheidender Einflussort persönlichkeitsbildender Erfahrungen und Unterstützungsmaßnahmen. *„Auf ihr lernen wir, uns den Bedingungen der natürlichen und gesellschaftlichen Umwelt anzupassen. Wir lernen, dass kurzfristige Belohnungen nicht immer auch langfristig positiv sind, dass Anstrengungen, Opfer*

---

[32] Vgl. ROTH, G. (2016), S.119

[33] Ebd. S.119

und Durststrecken sich manchmal auszahlen, dass Kompromisse geschlossen und Rangfolgen von Handlungszielen erarbeitet werden müssen."[34]

Mit der *kognitiv-sprachlichen Ebene* steht den anderen drei genannten Ebenen eine vierte Ebene gegenüber, die stark von diesen Ebenen kontrolliert wird, aber selbst nur wenig steuernden Einfluss auf die drei limbischen Ebenen hat. Sie übernimmt insofern die Rolle eines intelligenten Coachs und ist die Ebene des Verstandes, des rationalen Ich und der Intelligenz. Die kognitiv-sprachliche Ebene ist im sechsschichtigen Isocortex angesiedelt und beherbergt unter anderem den dorsolateralen präfrontalen Cortex und das Brocaesche Sprachareal (das neuronale Grundsystem der menschlichen syntaktisch-grammatikalischen Sprache). Der präfrontale Cortex ist Sitz des Arbeitsgedächtnisses und der innengeleiteten Aufmerksamkeit und hat mit zeitlich-räumlicher Strukturierung von Sinneswahrnehmungen, planvollem und kontextgerechtem Handeln und Sprechen, dem Problemlöseverhalten und der Entwicklung von Zielvorstellungen zu tun.

Das Vier-Ebenen-Modell der Persönlichkeit schafft eine Grundlage für das Verständnis der Entwicklung und Ausprägung von Persönlichkeit. Die untere limbische Ebene hält unseren Körper am Leben und entzieht sich weitestgehend der Kontrolle durch Willen oder Erfahrung. Sie bestimmt den Teil der Persönlichkeit, der mittels der Temperamente beschrieben werden kann und liefert damit eine gewisse Basisausstattung oder Grundtendenz der Persönlichkeit.
Die mittlere limbische Ebene ist der Ort der emotionalen Konditionierung und ist durch Erfahrungen beeinflussbar, wenn Ereignisse entweder schockartig oder langsam und über lange Zeiträume stetig einwirken. In jedem Falle sind die so entstehenden emotionalen Konditionierungen sehr stabil. Die Möglichkeit, sie durch erneute emotionale Konditionierungen zu „überschreiben", also zu verändern, scheint mit zunehmendem Lebensalter mit immer mehr Aufwand verbunden zu sein.
Emotionale Konditionierung erfolgt auf der Basis unseres Temperamentes und ist durch die Vielfalt der vor- und nachgeburtlichen Einflüsse, denen der betreffende Mensch ausgesetzt ist, variabel und vielfältig.
Die obere limbische Ebene entwickelt sich maßgeblich von der Geburt bis in das frühe Erwachsenenalter durch soziales Lernen und bedingt unsere Sozialisation. Sie steht in

[34] Vgl. ROTH, G. (2016), S.121

Wechselbeziehung zu den unteren limbischen Ebenen und kann den durch Temperament und emotionale Konditionierung bestehenden Basisrahmen der Persönlichkeit beeinflussen, wenngleich die vorhandene grundlegende Ausrichtung eine höhere Dominanz besitzt.
Die kognitiv-kommunikative Ebene ist durch ihre besondere Verschaltung am wenigsten in der Lage, auf Persönlichkeit und Handlungssteuerung Einfluss zu nehmen. Allerdings stellt sie durch ihre relative „Autonomie" die Möglichkeit zur Verfügung, rational und emotionslos Handlungsentwürfe oder Analysen bereit zu stellen. Somit ist es auch möglich, subjektives Denken und Fühlen und das Sprechen darüber voneinander zu trennen. Die Art und Weise, wie dies von einer Person praktiziert wird, macht einen Teil ihrer Persönlichkeit aus.

Um die Vielfältigkeit der Persönlichkeitsstrukturen unterschiedlicher Menschen erklären zu können, reicht das bloße Modell der zugrundenliegenden Hirnstrukturen nicht aus. Die Vielfalt in den Persönlichkeiten scheint durch die Dynamik im komplexen Netzwerk der im Modell beschriebenen Hirnzentren und ihre individuelle Ausformung bestimmt zu sein.

2.1.4 Psychoneurale Grundsysteme und Persönlichkeit

Um das unter Ziffer 2.1.3 zunächst statisch beschriebene Modell weiter zu entwickeln, ist es erforderlich, die Dynamiken und Interaktionen der im Modell verankerten Gehirnzentren zu beschreiben. Dabei geht es darum, wie die beteiligten limbischen und kognitiven Zentren arbeiten, in welcher Weise sie wechselwirken und in welchem Maße ihre Aktivität und die Art und Weise ihrer Wechselwirkungen genetisch und/oder durch Umweltbedingungen bestimmt sind.[35]
Die Art und Weise der Wechselwirkungen wird in starkem Maße durch die Wirksamkeit von Neuromodulatoren, Neuropeptiden und Neurohormonen bestimmt. Dabei werden schnelle Transmittersubstanzen wie GABA, Glutamat und Glycin durch Neuromodulatoren wie Adrenalin/ Noradrenalin, Serotonin, Dopamin, und Acetylcholin in ihrer Wirkungsweise gehemmt oder verstärkt (moduliert).

[35] Vgl. AON (2015a), S.16 ff.

Die Betrachtung *psychoneuraler Grundsysteme*, deren Funktionsweise durch das Wirken verschiedener Neuromodulatoren in den beteiligten Hirnzentren charakterisiert ist, ergänzt das Verständnis um die neurobiologischen Grundlagen der Persönlichkeit.

Stressverarbeitungssystem

Unter Stress verstehen Wissenschaftler heute die Auswirkungen psychosozialer bzw. innerer oder äußerer Faktoren auf das körperliche und/ oder seelisch-geistige Wohlbefinden eines Menschen.[36] Ursächlich ist unter Stress das plötzliche Auftreten herausfordernder, bedrohlicher bis existentiell gefährlicher Ereignisse zu verstehen, die den Menschen zwingen, darauf zu reagieren. Die Fähigkeit, auf Stress reagieren zu können, ermöglicht es dem Organismus, mit körperlichen und psychischen Belastungen fertig zu werden.

Das Stressverarbeitungssystem wird vornehmlich durch die Aktivität von Amygdala, Hypothalamus und Hypophyse aktiviert und reagiert in zwei Schritten (*Stressantwort*) auf die herausfordernde Situation (*Stressor*).

Das Stressverarbeitungssystem nutzt zwei Signalwege für die Verarbeitung des Stressreizes. Zum einen die schnelle *sympathoadrenomeduläre Achse,* bei der über die Aktivierung der Neuromodulatoren Noradrenalin und Adrenalin im Bruchteil einer Sekunde die Reaktionsbereitschaft des Körpers durch erhöhte Aufmerksamkeit und erhöhten Muskeltonus hergestellt wird. Zum anderen die etwas langsamere *hypothalamisch-hypophysär-adrenokortikale Achse,* bei der – angeregt durch die in der schnelleren Achse ausgeschütteten Neuromodulatoren Adrenalin und Noradrenalin – über in Hypothalamus und Hypophyse ausgeschüttete Hormone (CRH und ACTH) die Produktion und Ausschüttung von Cortisol in der Nebennierenrinde ausgelöst wird. Während die Aktivierung der schnellen Stressreaktion unmittelbar und blitzartig erfolgt und die sofortige Reaktionsbereitschaft des Organismus auf eine mögliche Herausforderung bereitstellt, beginnt die Aktivierung der zweiten Achse im Falle des Anhaltens der Stressbelastung, also durch das Identifizieren einer echten Belastungssituation für den Organismus.

Die Ausschüttung des Cortisols verhilft dem Körper durch angeregten Stoffwechsel zu gesteigerter (in Extremfällen sogar zu „ungeahnter") Leistungsfähigkeit. Im Gehirn sorgt es für die Aktivierung der Hirnzentren, die für die „Bearbeitung" der Herausforderung verantwortlich sind. Über eine negative Rückkopplungsschleife wirkt es aber auch

---

[36] ESCH, T., ESCH, S.M. (2016), S. 11

hemmend auf die Ausschüttung von CRH und ACTH und trägt dadurch zur Dämpfung der Stressantwort und damit zur Beruhigung bei.

Die durch Stress ausgelöste Anpassungsreaktion des Organismus ist umfassend und dynamisch. In diesem Zusammenhange wird von *„allostatic stress response"* gesprochen.[37] *„Leichter Stress ist notwendig, um Körper und Gehirn für die Auseinandersetzung mit und die Bewältigung von Problemen und Gefahren zu rüsten."*[38] Chronischer, also dauerhaft auftretender Stress, kann zu einer dauerhaften Steigerung des Cortisolspiegels im Organismus und damit zur Schädigung des Hippocampus führen.

Die menschliche Persönlichkeit ist auch gekennzeichnet durch die Art, wie Menschen mit Stress umzugehen im Stande sind. Dazu zählen die Stressverträglichkeit (Stressresilienz), die Art, wie Stressoren als solche erkannt werden, wie schnell und wie intensiv das Stressverarbeitungssystem reagiert, aber auch, wie schnell im Anschluss Beruhigung eintritt.

Tritt Stress im „dafür vorgesehenen Sinne" auf, also als Anpassungsreaktion auf relevante Stressoren, kann er als „überlebenswichtige Einrichtung" des menschlichen Organismus gesehen werden. *„Ein großer Nachteil des Stressphänomens und seiner Verankerung im Gehirn ist fraglos, dass wir uns den Stress im Kopf auch selbst machen können..."*[39] Stress kann auch erlebt und entsprechende Stressantworten können ausgelöst werden, ohne dass ein konkreter Stressreiz überhaupt auftrat. Bereits ein „einfacher Hinweis" der mit dem bereits bekannten eigentlichen Stressor in Verbindung gebracht wird, kann diesen *antizipatorischen Stress* verursachen.[40]

Beruhigungssystem

„Menschen unterscheiden sich neben ihrer Fähigkeit, mit Belastungen umzugehen, durch den Grad an Zuversicht und Ängstlichkeit, Ausgeglichenheit oder innerer Unruhe, Frustrationstoleranz und Bedrohtheitsgefühl."[41] Im Wesentlichen scheinen diese Fähigkeiten und Eigenschaften durch das Beruhigungssystem bestimmt zu werden, das durch die Wirksamkeit des Neuromodulators Serotonin gekennzeichnet ist. Dieses wird in den Raphekernen produziert und wirkt in verschiedenen limbischen Zentren des Gehirns und an seinem Entstehungsort selbst. Serotonin ist beteiligt in der Regulation von

[37] Vgl. ESCH, T. (2017), S.110
[38] Vgl. AON (2015a), S.19
[39] Vgl. ESCH, T. (2017), S.111
[40] Vgl. SCHWARZWÄLDER, T. (2014), S.17 f.
[41] Vgl. AON (2015a), S.20

Schlaf, Nahrungsaufnahme und Temperatur und bewirkt in psychischer Sicht eine Beruhigung und Dämpfung. Das Selbstberuhigungssystem ist eng mit dem Stressverarbeitungssystem verknüpft und hat Auswirkungen auf die Impulskontrolle.

Internes Bewertungs- und Motivationssystem

Die Aktivitäten von Amygdala und mesolimbischem System bestimmen im Wesentlichen die Funktion dieses Systems, indem sie alle relevanten Erfahrungen eines Menschen registrieren, nach den Konsequenzen für das eigene Wohlergehen bewerten und die Bewertungsergebnisse mit dem Etikett „positiv“ oder „negativ“ im emotionalen Gedächtnis abspeichern. Positive Erfahrungen gehen einher mit der Ausschüttung hirneigener Opioide in den Zentren des Hypothalamus, die auf verschiedene Rezeptoren im mesolimbischen System wirken und das Gefühl der Belohnung und somit von Glück, Freude, Vergnügen und Lust auslösen. Negative Erfahrungen werden durch die Ausschüttung der Substanz-P verarbeitet, die Gefühle wie Unlust, Schmerz, Bedrohung und Panik auslösen kann.[42] Letztlich ist dieses Bewertungssystem Grundlage dafür, wie intensiv ein Mensch auf Belohnung oder Bestrafung reagiert und bildet die Grundlage des Belohnungserwartungssystems, das mit der Wirkung des Dopaminsystems verbunden ist.

Impulskontrolle

Impulshemmung und Toleranz gegenüber dem Aufschub von eintretenden Belohnungen beginnen sich ab dem frühen Kindesalter (2 Jahre) zu entwickeln. Die Entwicklungszeit reicht bis ins Erwachsenenalter. Die Entwicklung des Impulshemmungs- und Kontrollsystems hängt eng mit der Ausprägung der oberen limbischen Ebene und der Entwicklung entsprechend hemmender Bahnen zu den Zentren der mittleren und unteren limbischen Ebene zusammen. Antrieb erfährt das System durch das motivationale Dopaminsystem, während die Hemmung durch das Serotoninsystem erfolgt.

---

[42] Vgl. AON (2015a), S.21

Bindungs- und Empathiesystem

Das Bindungs- und Empathiesystem beginnt sich zunächst als Bindungssystem um den Zeitpunkt der Geburt und den ersten Wochen und Monaten nach der Geburt zu entwickeln. Eine wesentliche Rolle spielt dabei das Neuropeptid Oxytocin. Vor der Geburt regt es die Wehen an und hat Einfluss auf die Steuerung des Milchflusses der Mutter. Oxytocin wirkt stress- und angstlösend, bindungserzeugend und „Wohlgefühl“ vermittelnd und wird daher auch als *„Glückshormon“* bezeichnet, wenngleich die glücksvermittelnde Wirkung eher auf den mit der Wirkung von Oxytocin verbundenen „Cocktail“ zurückzuführen ist.[43] Die bindende Wirkung von Oxytocin wird durch die Ausschüttung endogener Opioide und Serotonin (vgl. Beruhigungssystem) verstärkt. Oxytocin steigert das Vertrauen in andere Personen und die Fähigkeit, aus Gesichtsausdrücken Gefühlszustände des Gegenübers „zu lesen“. Dabei scheint die Aufmerksamkeit besonders auf der Augenregion und dem Blickkontakt zu liegen.[44] Die Fähigkeit zur Empathie scheint also zum einen im „Lesen“ und „Erkennen“ der Gefühle im Gegenüber und zum anderen in der Fähigkeit zum Mitgefühl zu bestehen.[45]

Hohe Oxytocinkonzentrationen treten in innigen Mutter-Kind-Beziehungen ebenso auf wie in erwachsenen Paarbeziehungen, beim Liebesakt und allgemein bei vertrauensvollen sozialen Kontakten. Das Oxytocinbasislevel scheint individuell unterschiedlich angelegt zu sein und mit der eigenen Bindungserfahrung im Säuglingsalter und dem individuellen Bindungstyp zu korrelieren. So haben „sicher gebundene“ Eltern ein höheres Oxytocinbasislevel und eine höhere Oxytocinreaktion in der Interaktion mit ihrem Kind.[46]

2.1.5 Bedeutung der Bindungserfahrung

Seit den Forschungsergebnissen von René Spitz ist bekannt, dass Beziehung zu einer festen Bezugsperson (normalerweise die leibliche Mutter) von entscheidender Bedeutung für die weitere psychisch-kognitive Entwicklung des Kinders ist.[47] Die sich aus diesem ersten Ansatz entwickelte Bindungsforschung beschreibt heute als Ergebnis der systematischen Beforschung der psychischen Entwicklung von Kleinkindern drei

---

[43] Vgl. ESCH, T. (2017), S.76
[44] Vgl. ROSS, H., YOUNG, L. (2009), S.1f.
[45] Vgl. AON (2015a), S.23
[46] Vgl. RILLING, JK, YOUNG, LJ (2014), S.1f.
[47] Vgl. AON (2015a), S.34

Bindungstypen: Der *sicher gebundene Typ B* (Gute Balance zwischen Nähe zur Mutter und Erkundungsdrang), *der unsicher-vermeidende Typ A* (Weniger Tendenz zur Nähe zu der Mutter, mehr Tendenz zur Erkundung), *der unsicher-ambivalente Typ C* (Tendenz zur Nähe (Klammern), wenig Tendenz zur Erkundung) und der *desorganisiert-desorientierte Bindungstyp D* (keine einheitliche Reaktion auf Trennung und Verhaltensauffälligkeiten gegenüber einem Elternteil).[48]
Aus großen Bindungsstudien ergibt sich folgende Häufigkeitsverteilung der Bindungstypen: Typ B (sicher-gebunden) 60%, Typ A (unsicher-vermeidend) 20%, Typ C (ambivalent-unsicher) 12% und Typ D (desorganisiert-desorientiert) 8%.
Der kindliche Bindungstyp ist signifikant mit der Ausprägung der erwachsenen Persönlichkeit verbunden. Über das s.g. *Adult Attachment Interview (AAI)* werden folgende Erwachsenen-Bindungstypen unterschieden: *sicher-autonom* (Die Person hat eine „gute" Beziehung zu ihrer Bindungserfahrung und kann sich gut an sie erinnern.), *bindungsdistanziert* (Die Person hat nur lückenhafte Erinnerungen an ihre Bindungserfahrungen und wehrt schmerzliche Erfahrungen ab.), *bindungsverstrickt* (Die Person scheint tief in ihren Erinnerungen verwurzelt und kann nicht mit Abstand von ihnen berichten, positive, wie negative Darstellungen erscheinen vage und wirr.), *unverarbeitetes Trauma* (Die Person liefert verwirrte und konfuse Darstellungen und Erinnerungsverwechslungen. Dieser Typ tritt oft bei Personen mit unverarbeiteten Verlust- oder Missbrauchserfahrungen auf.)[49]
Interessant scheint in diesem Zusammenhang das Phänomen der „Weitergabe" eigener, früher Bindungserfahrungen an die eigenen Kinder, was wiederum Einfluss auf die Ausprägung derer Persönlichkeitsmerkmale hat.

2.1.6 Intelligenz

Das Persönlichkeitsmerkmal der *Offenheit* scheint eng verbunden mit Intelligenz, Kreativität und Neugierde eines Menschen. Somit scheint Intelligenz durchaus ein die Persönlichkeit eines Menschen charakterisierendes Merkmal zu sein. Die Begriffe *Intelligenz* und *Begabung* werden in unterschiedlichen Kontexten mit unterschiedlichen Bedeutungen verwendet und sind daher nur schwierig einordenbar. Intelligenz wird in *allgemeine Intelligenz* (Grundlegende Fähigkeit, die durch Schnelligkeit und Effektivität

---

[48] Vgl. AON (2015a), S.35
[49] Vgl. STRAUSS, B., et al. (2002), S. 233f.

des Wahrnehmens, Erinnerns, Vorstellens und Denkens/ Problemlösens definiert und als hochgradig angeboren angesehen wird) und *bereichsspezifische Intelligenz* (Hier werden die mehr von Erfahrung, Übung und Erziehung abhängenden Leistungen wie räumliche Vorstellung, abstraktes Denken, Sprachfertigkeit, Gedächtnisleistungen, mathematisch-naturwissenschaftliche oder künstlerische Leistungen subsumiert.). Diese Darstellungsform ähnelt der Darstellung von Raymond Catell, der zwischen *fluider* (Schnelligkeit und Effektivität von Verabeitungsprozessen) und *kristalliner Intelligenz* (erworbenes Wissen und Können) unterscheidet.

Der Begriff der *Begabung* wird zum einen als latente Fähigkeit oder Anlage interpretiert, zum anderen aber auch zur Beschreibung einer vorhandenen überdurchschnittlichen Fähigkeit verwendet.

Neurowissenschaftlich betrachtet scheint die Leistungsfähigkeit des Arbeitsgedächtnisses und die Geschwindigkeit, mit der Hirnareale aktiviert und darin enthaltene Informationen ausgelesen und verknüpft werden können, eine wichtige Rolle für die allgemeine Intelligenz zu spielen.[50]

Intelligenztests messen in vier Teilbereichen: Sprachverständnis, wahrnehmungsgebundenes logisches Denken, Arbeitsgedächtnis und Verarbeitungsgeschwindigkeit und unterscheiden hierbei unterschiedliche Altersgruppen im Auswertemodus.[51]

„Wir können[...]davon ausgehen, dass es sich auch bei Intelligenz und Begabung um einen Merkmalskomplex handelt, der deutliche genetisch-epigenetische Grundlagen hat, zugleich aber bereits vorgeburtlich und früh-nachgeburtlich von Umweltereignissen nachhaltig beeinflusst wird. Es scheint erwiesen, dass ein wertschätzender und gleichwürdiger Erziehungsstil, der sprachliche Umgang und die Ermutigung zu intellektuellen und künstlerischen Leistungen im Kindes- und Jugendalter einen deutlichen Einfluss auf die Entwicklung der Intelligenz haben. “[52]

2.1.7 Bewusstsein und Aufmerksamkeit [53]

Unter *Aufmerksamkeit* verstehen wir den Zustand erhöhter Wahrnehmung. Aufmerksamkeit kann außengesteuert (also durch äußere Reize motiviert) oder innengesteuert (also durch Erwartungen oder Interessen motiviert) aktiviert werden. Unterschiedliche

---

[50] Vgl. AON (2015a), S.40 ff.
[51] Vgl. WALTER, O. (2011)
[52] Vgl. AON (2015a), S.46 f.
[53] Vgl. ROTH, G. (2015), S.140 f.

Hirnzentren bewerten und entscheiden dabei, ob den permanent über die Sinnesorgane einlaufenden Informationen Aufmerksamkeit zu schenken ist oder nicht. Außengesteuerte Aufmerksamkeit entsteht einerseits, wenn Ereignisse als bedrohlich oder potentiell wichtig eingestuft werden, oder aber extrem von einem erwarteten Zustand oder Muster abweichen. Innengeleitete Aufmerksamkeit ist stark von Interessen, Erfahrungen und Erwartungen geleitet. Aufmerksamkeit ist mit Bewusstsein und Gedächtnis verknüpft. Gerhard Roth beschreibt *Bewusstsein* als Vielzahl unterschiedlicher Zustände, als etwas, das zu ganz unterschiedlichen Inhalten hinzutritt. Dabei ist *Wachheit* die allgemeinste Form des Bewusstseins, die mit unterschiedlichsten Inhalten verbunden sein kann, die wiederum in wechselnden Ausformungen und Intensitäten auftreten können. Dabei werden drei Systeme unterschieden: Das *bewusste – explizite oder deklarative System* (Seine Verarbeitungstiefe ist groß und befasst sich mit komplexen, bedeutungshaften Inhalten. Es ist flexibel und plastisch, aber aufgrund der Verarbeitungstiefe vergleichsweise langsam, in seiner Kapazität beschränkt und fehleranfällig. Es ist mit der Berichtbarkeit verbunden, d.h. seine Inhalte können berichtet werden, wenn sie ausreichend Aufmerksamkeit erhalten.)

Das *unbewusst ablaufende-implizite, prozedurale oder nicht-deklarative System* (Seine Kapazität ist nahezu uneingeschränkt.) Es arbeitet schnell und weitestgehend fehlerfrei, ist in seiner Informationsverarbeitungsstruktur flach und einer sprachlich-bewussten Beschreibung nicht zugänglich. Hier liegen alle Prozesse, die in unserem Körper und Gehirn, unabhängig von der assoziativen Großhirnrinde verarbeitet werden, aber auch alle bewussten Wahrnehmungsinhalte, *bevor* sie bewusst werden.

Was durch Erinnert-Werden oder Erinnern tatsächlich bewusst gemacht werden kann, gehört zum *Vorbewussten* – Inhalte des deklarativen Gedächtnisses, die im Moment nicht zugänglich sind oder abgefragt werden.

Solange für eingehende Informationen noch keine „Routinen" im Gehirn vorhanden sind, werden sie geprüft, ob sie bewusst werden sollten. Dabei wird in der Reihenfolge überprüft, ob die Information neu oder bekannt ist, um anschließend nach wichtig oder unwichtig auszusortieren. Die Informationen durchlaufen dazu die entsprechenden Gedächtniszentren des Gehirns. Ist ein Inhalt unwichtig, wird er unabhängig davon, ob er neu oder bekannt ist, allenfalls im Kurzzeitgedächtnis für kurze Zeit bewusst. Inhalte, die wichtig, aber bekannt sind, werden meist ohne große Bewusstheit von Zentren für routinemäßiges Handeln übernommen. Ausschließlich wichtige und neue Inhalte lösen eine bewusste Verarbeitung aus. Dies ist der energieaufwändigste Prozess, da die neuen

Inhalte detailliert verarbeitet und gespeichert werden. Das findet im bewusst-deklarativen System statt. Sind die Inhalte durch Speichern und Vernetzen „vertraut“ geworden, werden sie in den Bereich des Vorbewussten „verschoben“, aus dem sie aber ohne große Anstrengungen wieder bewusst gemacht werden können, wenn Anlass dazu besteht.

„Während der Bewusstseins- und Aufmerksamkeitszustände finden [...] Umstrukturierungen bereits vorhandener corticaler Netzwerke aufgrund von Sinnesreizen und Gedächtnisinhalten statt.“[54] Über die Frage, unter welchen Umständen eine Reizverarbeitung ins Bewusstsein gelangt, gibt es unterschiedliche Theorien. Die Theorie der „globalen Arbeitsfläche“ geht davon aus, dass eine Reizverarbeitung dann bewusst wird, wenn es ihr gelingt, viele Zentren des Cortex zu aktivieren, indem sie breitflächig bereitgestellt wird.[55, 56]

Kommen also viele Details und Bedeutungen eines Inhaltes zu einem sinnvollen Ganzen zusammen, treten sie ins Bewusstsein und werden bewusst verarbeitet. *„Je sinnvoller und klarer das Ergebnis dieser Arbeit ausfällt, desto wirkungsvoller wird es im deklarativen Gedächtnis verankert, und desto leichter ist es dort abrufbar.“*[57]

2.2 Motivation und Entscheidung

2.2.1 Motivation und Emotion

Grundbedürfnisse menschlichen Lebens sind tief im menschlichen Organismus verankert und werden über komplexe Systeme meist unbewusst und unabhängig vom Willen sichergestellt. Dazu steht dem Menschen eine zum größten Teil genetisch bedingte, angeborene Grundausstattung an Verhaltensweisen zur Verfügung, die sich auch in seinem Temperament ausdrückt. Neben der Sicherung dieser Grundbedürfnisse scheint der Mensch gleichsam nach der Sicherung seines sozialen Lebens und Überlebens ebenso wie nach der Sicherung seines individuellen geistig-seelischen Überlebens zu streben. Insofern kann menschliches Leben (neben den unbewussten Grundsicherungsprozessen) als ununterbrochene Abfolge zielorientierter Lern- und Anpassungsprozesse gesehen werden. Dafür gewinnt er in permanenten Evaluationsprozessen Handlungsanleitungen für sein weiteres Verhalten. Diese *Motive* können unbewusst, intuitiv oder bewusst sein.

---

[54] Vgl. ROTH, G. (2015), S.157
[55] Vgl. AON (2016b): S.28
[56] Vgl. BAARS, BJ. (2005), S.45-53
[57] Vgl. ROTH, G. (2015), S.161

Motivation ist demnach ein dynamischer Prozess mit den Bewegungsrichtungen *hin zu Ereignissen/ Handlungsweisen (Appetenz),* die positive, angenehme, befriedigende Gefühlszustände herbeiführen oder *weg von Ereignissen/ Handlungsweisen (Aversion),* die zu negativen Gefühlszuständen, Schmerz oder Angst führen.[58]

Die Bewertung von Ereignissen nach positiv oder negativ als Ausgangspunkt weiteren Handelns basiert auf Emotionen. Grundgefühle sind eng mit den körperlichen Grundbedürfnissen menschlichen Lebens (Nahrung – Hunger/ Durst, Regeneration/ Schlaf – Müdigkeit, Fortpflanzung – Sexualtrieb und Soziale Bindung – Drang zum sozialen Zusammensein) verbunden, die nicht oder nur in sehr begrenztem Umfang beeinflussbar sind und deren Befriedigung für Lust und Wohlbefinden sorgen. Affekte wie Wut, Panik, Zorn, Hass und Aggressivität gehören ebenso zu dieser schwer beeinflussbaren Grundausstattung und müssen nicht gelernt werden. Laut Ekmann sind Menschen mit angeborenen Basisemotionen ausgestattet: Freude, Wut, Ekel, Furcht, Verachtung, Traurigkeit und Überraschung. Diese treten weltweit gleich auf und können ebenso von jedem Menschen aus Gesichtsausdrücken des Gegenübers dekodiert werden.[59]

Weitere Grundemotionen wie Angst, Hoffnung, Neugierde, Enttäuschung und Erwartung variieren mit diesen und machen die Gefühlswelt des Menschen aus.
Im Prozess der emotionalen Konditionierung spielen die Emotionen und Affekte eine wesentliche Rolle. Sie werden in jedem Falle positiv oder negativ mit gemachten Erfahrungen und entsprechenden Kontexten verknüpft, im emotionalen Gedächtnis gespeichert und stehen somit als Motive für zukünftige Entscheidungs- und Bewertungsprozesse zur Verfügung. Emotionen sind demnach Grundlage der Motivation. (vgl. dazu Ziffer 2.1.4).

2.2.2 Belohnung und Belohnungserwartung

Das menschliche Gehirn unterscheidet fortlaufend unterschiedliche an Ereignisse gekoppelte Emotionen und Affekte und entwickelt hiernach künftige Handlungsziele. Während für negative Ereignisse meist das Stressverarbeitungssystem verantwortlich

---

[58] Vgl. AON (2015b), S.3 ff.
[59] Vgl. EKMAN, P. (1992), S.550-553

ist, werden positive Ereignisse durch das Belohnungserwartungs- und Belohnungssystem verantwortet, hierbei ist auch das Beruhigungssystem einbezogen.
Glücks- und Wohlempfindungen werden durch Ausschüttung von Serotonin, Prolaktin, Oxytocin, Endorphine u.a. im Gehirn ausgelöst, von verschiedenen Zentren registriert und letztlich im „Belohnungsgedächtnis“ gespeichert, das die Grundlage für die Belohnungserwartung darstellt. Die Belohnungserwartung ist eng mit der Aktivität des Neuromodulators Dopamin verbunden, der vor allem die physische Aktivierung auslöst und Neugier auf die zu erwartende Belohnung weckt. Je nachdem, in welcher Qualität die durch das Belohnungserwartungssystem erwartete Belohnung eintritt, liefert das Belohnungssystem ein Abweichungssignal – evaluiert sozusagen die eingetretene Belohnung und speichert die Belohnungserfahrung ab.
Damit wird eine Grundlage für neuerliche Motivation geliefert. Die Belohnungserwartung motiviert also mehr oder weniger zum Streben nach neuerlicher Belohnung.

2.2.3 Motive und Ziele

Motive und Ziele kennzeichnen die Persönlichkeit eines Menschen. In der Motivationspsychologie wird unterschieden zwischen den grundlegenden *Motiven* (Diese sind stammesgeschichtlich oder individualgenetisch bedingt, Ergebnisse früher Bindungserfahrung, früher Sozialisation oder anderer früher Erfahrungen) als unbewussten Handlungsantrieben und *Zielen* (Diese entstehen als bewusste Vorstellungen über erreichbare Zustände im späteren Kindes- und Jugendalter und darüber hinaus) als bewussten Handlungsantrieben. Motive machen demnach die Kernpersönlichkeit aus, während Ziele sie ergänzen. Wichtig für das psychische Wohlbefinden scheint dabei die Kongruenz, also das Übereinstimmen von bestimmten Motiven und Zielen zu sein. Die Inkongruenz von Motiven und Zielen ist nicht immer bewusst wahrnehmbar und scheint sich eher in schwierig beschreibbaren „Gefühlsgemengelagen“ auszudrücken. Kongruenz von Motiven ist nach Bandura die Voraussetzung für Selbstwirksamkeit. *„Bandura geht davon aus, dass Selbstwirksamkeitserwartungen den stärkeren Prädiktor für zukünftiges Verhalten darstellen, als Konsequenzerwartungen.“*[60]
„Es kommt also bei der Motivation immer auf die Kongruenz der unbewussten Motive und der bewussten Ziele an, dann sind wir zufrieden und leistungsfähig. Wir machen dann (neben der Liebe) die wichtigste Erfahrung in unserem Leben, nämlich, dass das

[60] Vgl. VANOTTI, M. (2005), S.41

Verfolgen selbstbestimmter Ziele, das Meistern einer Herausforderung eine Belohnung in sich trägt und keine Belohnung von außen nötig hat.“[61]

2.2.4 Flow

Das Phänomen des Flowerlebens wurde umfassend von Mihaly Csikszentmihalyi untersucht und beschrieben. Flow kann dann auftreten, wenn eine Person sich einer gewählten Aufgabe so intensiv zuwendet, dass die Aufmerksamkeit ausschließlich dieser Aufgabe gilt. Dabei sind der Grad der Herausforderung und die Möglichkeit, die Herausforderung bewältigen zu können, ebenso wie Stress und Leistung in einem optimalen Verhältnis. Alles scheint von selbst zu funktionieren. Das Gesamtziel gerät zu Gunsten der im Moment bewältigten Teilaufgaben aus der Aufmerksamkeit, das Zeitgefühl kann verloren gehen. Es geht letztlich um die Qualität der Erfahrung im Augenblick des Tuns.[62] Dieser Zustand, der auch von Maria Montessori als Phänomen der „Polarisation der Aufmerksamkeit“ beschrieben wird, fühlt sich gut an und wird endogen belohnt.[63] Csikszentmihalyi betont, dass Flowerfahrung das Vertrauen in die eigene Wirksamkeit stärkt, weil das Erleben dieser Wirksamkeit unmittelbar im Prozess des eigenen Handelns stattfindet.[64] Flow kann daher als ein wesentlicher Baustein menschlichen Wohlbefindens und Glücks gesehen werden.

2.2.5 Entscheiden

Das Rubikon-Modell der Entscheidung beschreibt vier Phasen einer Willenshandlung, die durch klare Übergänge gekennzeichnet sind: das Abwägen, das Planen, das Handeln und das Bewerten.[65] Es geht von einem *„wünschenden, planenden, handelnden und reflektierenden ICH als Träger der Handlung aus.“*[66] Nicht alle Entscheidungsprozesse lassen sich so beschreiben. Teilweise erfolgen Willenshandlungen ohne explizite Abwägung oder/ und Planung, sondern die Phasen gehen übergangslos ineinander über. Gleichsam können Willenshandlungen trotz eines Willensentschlusses nicht zu Ende geführt werden – es findet also keine Handlung statt.

---

[61] Vgl. AON (2015b), S.3f.
[62] Vgl. CZIKSENTMIHALYI, M. (1990) S.1f.
[63] Vgl. ESCH, T. (2017), S.152
[64] Vgl. CZIKSENTMIHALYI, M. (1990) S.1f.
[65] Vgl. GOSCHKE, T. (2013) S.1f.
[66] Vgl. AON (2015b), S. 54

Man kann davon ausgehen, dass in Entscheidungsprozessen sowohl bewusste als auch unbewusste Instanzen am Werke sind, die bei der handlungsvorbereitenden Entscheidung mitwirken. Als Grundbedingung muss beachtet werden, dass dasjenige, was schlussendlich getan wird, im Einklang mit dem emotionalen Erfahrungsgedächtnis steht. Daher ist davon auszugehen, dass diese Instanz am Anfang und Ende des Entscheidungsprozesses einbezogen ist.[67]
Je wichtiger eine Entscheidung ist, desto intensiver scheinen die Anteile unserer unbewussten Persönlichkeit in den Entscheidungsprozess einbezogen zu sein. Unsere Entscheidungen machen uns nur glücklich und zufrieden, wenn sie bezüglich unserer grundlegenden Motive kongruent sind. Das Maß des Anteils von Rationalität an unseren Entscheidungen scheint in unserer Persönlichkeit begründet zu sein.

2.3 Lernen und Gedächtnis

2.3.1 Arten des Lernens

Lernen wird als Fähigkeit eines Organismus beschrieben, sich an sich verändernde Umweltbedingungen anzupassen. Es werden assoziatives und nichtassoziatives Lernen unterschieden. Zum nichtassoziativen Lernen gehören Habituation und Sensitivierung, wohingegen klassische und operante Konditionierung zum assoziativen Lernen gezählt werden. Das Lernen durch Einsicht und die Imitation werden als komplexe Lernformen eingeordnet.

Habituation und Sensitivierung

Das Prinzip der „Konzentration auf Abweichungen vom Erwarteten" ist ein ökonomisches Prinzip der Informationsverarbeitung in unserem Gehirn. Im Falle der *Habituation* erfolgt eine Gewöhnung an einen zunächst als außergewöhnlich wahrgenommenen Reiz, der keine Bedrohung mehr darstellt. Im Gegenteil dazu steigert sich die Aufmerksamkeit und Fokussierung dann, wenn sich ein anfänglich unauffälliger Reiz als wichtig herausstellt – in diesem Falle spricht man von *Sensitivierung*. Habituation und Sensitivierung treten in einfachen wie in komplexen Kontexten permanent auf und beruhen auf der beständigen Neubewertung von Wahrnehmungsinhalten in unserem Gehirn. Der Neubewertungsprozess entspricht einer Umstrukturierung von neuronalen Netzen im Gehirn.

[67] Vgl. AON (2015b), S. 62

Klassische Konditionierung und Kontextkonditionierung

Bei den Formen des assoziativen Lernens geht es darum, Verbindungen zwischen verschiedenen Ereignissen der Umwelt zu erkennen und zu erlernen. Bei der *klassischen Konditionierung* werden spontane oder automatisierte Reaktionen (unbedingte Reaktion) auf einen Reiz (unbedingter Reiz) durch Lernen an bisher nicht wirksame Reize (neutrale Reize) gekoppelt. Damit kann die bisher unbedingte Reaktion auch durch den neutralen Reiz (der damit zum bedingten Reiz wird) ausgelöst werden, was die Reaktion zur bedingten Reaktion macht, die ohne den bisherigen unbedingten Reiz ausgelöst werden kann.

Bei der *Kontextkonditionierung* lernt der Organismus, dass bestimmte Reize in Verbindung mit einem Kontext, einer Umgebung eine bestimmte positive oder negative Wirkung zeigen.

Der Kontext wird also mit der Reizerfahrung gemeinsam gelernt. Dies kann bewusst oder unbewusst erfolgen. Später reicht die Aktivierung eines Faktors (Kontext oder Reiz) um die Reaktion auszulösen.[68]

Operante Konditionierung

Bei der operanten Konditionierung geht es um das Erlernen neuer Verhaltensweisen auf der Basis vorhandener Standardverhaltensweisen. Durch aktives Ausprobieren (Trial and Error) werden in Abhängigkeit der Folgen dieses Versuches Handlungen verstärkt (das Versuchsergebnis war positiv) oder abgeschwächt bis unterdrückt (das Versuchsergebnis war negativ, schmerzlich, etc.). Das *Verstärkungslernen* gelingt nur, wenn ein motivierendes Bedürfnis existiert, das durch das Handlungsergebnis gestillt wird. Es werden folgende Formen der operanten Konditionierung unterschieden: *Belohnung – positive Konditionierung* (Eine gewünschte Verhaltensweise wird belohnt.), *Bestrafung* (Das Auftreten einer unerwünschten Verhaltensweise wird durch eine Strafe gemindert), *Belohnungsentzug* (Die Belohnung wird entzogen und erst nach Auftreten der erwünschten Verhaltensweise wiedererlangt.) und *Vermeidungslernen – negative Konditionierung* (Die gewünschte Reaktion muss gezeigt werden, um eine Strafe zu vermeiden oder eine negative Situation zu beenden.). Bestrafung oder Belohnung können in unterschiedlicher Weise realisiert werden. Im Bereich der positiven Konditionierung führen kontinuierliche Verstärkungen zu einer schnellen Verfestigung des gewünschten

[68] Vgl. ROTH, G. (2015), S.102 ff.

Verhaltens, der Belohnungswert wird aber sehr schnell inflationär (Diskontierung). Die Wirksamkeit ist am höchsten, wenn variable Quoten oder Intervalle für die Belohnung angewandt werden. Die Prozesse des konditionierenden Lernens wirken in bewusster und unbewusster Weise auf die Entwicklung des Verhaltens eines Menschen. Dabei wirken ebenso biologische und kognitive Einflüsse.[69]

Kognitives Lernen

Als *kognitive Lernformen* werden *Imitation – Nachahmen* (Neue Verhaltensweisen werden durch genaues Beobachten und anschließendes Kopieren der beobachteten Verhaltensweise in das eigene Handlungsrepertoire übernommen.) und *Lernen durch Einsicht* (Hierbei werden den erlernten Verhaltensweisen Vorüberlegungen, Verständnis in Zusammenhänge und Bewertungen zugrunde gelegt.) bezeichnet. Voraussetzung für diese komplexen Lernformen sind kognitive Fähigkeiten und entsprechende Gedächtnisleistungen.

2.3.2 Gedächtnistypen

Arbeitsgedächtnis

Das Arbeitsgedächtnis kann als Mittelpunkt aller Gedächtnisleistungen verstanden werden. Zum einen dient es der „Vorbereitung" der über die Sinnesorgane aufgenommenen Informationen für eine weitere Verarbeitung und letztlich Speicherung im Langzeitgedächtnis (Die Sinnesinformationen werden im sensorischen Register gesammelt und mit anderen Sinneseindrücken kombiniert in das Kurzzeitgedächtnis übertragen), zum anderen stellt es abgerufene Gedächtnisinhalte des Langzeitgedächtnisses zur erneuten bewussten Bearbeitung bereit. Damit ist das Arbeitsgedächtnis Grundlage kognitiver Prozesse und der Verarbeitung unterschiedlicher, kombinierter Informationen.

Die systematische Einteilung der Gedächtnisformen kann nach zeitlichen und inhaltlichen Aspekten erfolgen. Die zeitliche Einteilung unterscheidet in *Ultrakurzzeitgedächtnis, Kurzzeitgedächtnis, intermediäres Gedächtnis* und *Langzeitgedächtnis.*

Nach inhaltlichen Aspekten wird das Langzeitgedächtnis zunächst in *deklaratives Gedächtnis* und *nichtdeklaratives Gedächtnis* unterschieden.

---

[69] Vgl. AON (2015c), S.14 f.

Deklaratives Gedächtnis
Das deklarative Gedächtnis wird in *episodisches Gedächtnis* (persönlich-räumliche Erinnerungen) und *semantisches Gedächtnis* (Wissensgedächtnis, Zahlen, Fakten) unterschieden. Es speichert bewusste Inhalte.

Nichtdeklaratives Gedächtnis
Das nichtdeklarative Gedächtnis wird in *prozedurales* (Fertigkeiten, Gewohnheiten, Priming, klassische Konditionierung) und *emotionales Gedächtnis* (positive und negative Erfahrungen) unterschieden.[70, 71]

Gedächtnisbildung (also Lernen) und Aufmerksamkeit sind eng miteinander verbunden (vgl. Ziffer 2.1.7). Dabei ist Aufmerksamkeit immer selektiv und eng mit der Funktionsweise des Arbeitsgedächtnisses verbunden. Aufgrund der Ressourcenbegrenztheit des Arbeitsgedächtnisses unterliegt auch die Aufmerksamkeit einer je Zeiteinheit vorhandenen Begrenzung hinsichtlich der Verarbeitungstiefe und Menge eines bestimmten Inhaltes. Da Aufmerksamkeitsprozesse hirnorganisch sehr komplex und damit energieaufwändig sind, ist die Aufmerksamkeitsspanne zeitlich begrenzt, d.h. die Intensität der Aufmerksamkeit nimmt über die Zeit ab (Ermüdung).

Gedächtniskonsolidierung, also die Überführung von Inhalten des Kurzzeit- und Arbeitsgedächtnisses in das Langzeitgedächtnis beginnt bereits wenige Sekunden nach dem Bewusstwerden eines Inhaltes. Es wird allerdings angenommen, dass die eigentliche Konsolidierung der Gedächtnisinhalte während der Schlafphasen erfolgt. Ein ausreichend langer und ungestörter Schlaf, aber auch Erholungsphasen im Sinne von Meditation oder autogenem Training sind für die Konsolidierung der Gedächtnisinhalte von sehr hoher Bedeutung. Neben Schlafstörungen können sich auch emotional aufregende Ereignisse (vor allem kurz vor dem Schlafengehen) negativ auf die Gedächtniskonsolidierung auswirken.[72]
Die Speicherung von Lerninhalten im Langzeitgedächtnis ist kein statischer, einmal ablaufender Prozess, sondern scheint einer permanenten Dynamik zu unterliegen.

---

[70] Vgl. BARTSCH, T. (2015), S.1-4
[71] Vgl. AON (2015c), S.22 ff.
[72] Vgl. AON (2015c), S.21

Gedächtnisinhalte werden in immer wiederkehrenden dynamischen Umbauprozessen in der Hirnstruktur in einer weitvernetzten modularen Struktur immer wieder aktualisiert und umgeschrieben. Dabei scheinen die wiederholte Nutzung und das wiederkehrende Abrufen von Gedächtnisinhalten (ggf. auch in Verbindung mit anderen Kontexten) das „Verblassen" von Lerninhalten zu mildern. Ebenso wichtig für den schnellen Zugriff auf Gedächtnisinhalte scheint die Anzahl der Zugänge zu einem Inhalt, also seine gute „Vernetzung" mit angrenzenden oder in irgendeiner Weise verbundenen Inhalten zu sein.[73]

2.4 Kommunikation

Nonverbale Kommunikation im Sinne von Körpersprache (also der Ausdruck von Gefühlen über Körperhaltung und Gesichtsausdruck) wie auch das Erlernen des Sprechens und des Sprachverständnisses im frühen Kindesalter (*verbale Kommunikation)* beruhen auf angeborenen „Programmen" und können so als vorhandenes Grundrepertoire eines Menschen angenommen werden. Das Erlernen des Lesens und Schreibens als Kulturtechnik der verbalen Kommunikation hingegen gilt als eine der größten Herausforderungen in der Entwicklung eines Menschen.

Die Elemente der nonverbalen Kommunikation sind tief in unserer Persönlichkeit verankert (vgl. Ziffer 2.2.1) und entspringen der unteren und mittleren limbischen Ebene. Die obere limbische Ebene, die vordergründig durch Sozialisierung gebildet wird, kann nur bedingt regulierend auf die aus den tieferen Schichten aufsteigenden Emotionen und die zugehörigen körpersprachlichen Phänomene (vorrangig die von Ekmann beschriebenen Mikroexpressionen des Gesichts) einwirken. Es ist also nur bedingt möglich, die eigenen Gefühle und Affekte in dieser Hinsicht unter Kontrolle zu haben. Daher zeigen sie sich in jeder kommunikativen Situation in Form von Körperhaltung, Gesichtsausdruck, Sprachduktus oder Gestik und werden ebenso sicher bewusst oder unbewusst vom Gegenüber wahrgenommen und bewertet.[74]

Qualität und Glaubwürdigkeit verbaler Kommunikation sind daher in hohem Maße durch die nonverbalen kommunikativen Anteile des Settings geprägt und hängen stark von der Authentizität der agierenden Personen ab. Durch nonverbale Kommunikation zeigen sich mehr oder weniger stark Gefühle und damit auch Haltung und Einstellung

[73] Vgl. ROTH, G. (2015), S.130 ff.
[74] Vgl. ROTH, G. (2015), S.217 ff.

der agierenden Personen zu sich selbst und zum Gegenüber. Divergieren diese Eindrücke gegenüber der verbal übermittelten Informationen, kann das zu entsprechenden Emotionen des Gegenübers führen, die das ursprüngliche Kommunikationsziel verfälschen. Die empfangene verbale Nachricht „kommt beim Empfänger anders an“, als möglicherweise beabsichtigt, da die eigentliche Nachricht bereits nonverbal kommuniziert und vom Empfänger auf der Basis seiner Erfahrungen interpretiert wurde. Gelingende Kommunikation scheint also sehr stark von Authentizität, Vertrauen und Glaubwürdigkeit und damit der Persönlichkeit der agierenden Kommunikationspartner abzuhängen.

3. Herausforderungen der Wissensgesellschaft

3.1 Wirtschaft/ Industrie 4.0

Das Wirtschaftslexikon Gabler beschreibt den Begriff „Wirtschaft 4.0“ als einen Marketingbegriff, der im Zusammenhang mit der sogenannten vierten industriellen Revolution steht. Diese ist geprägt durch Individualisierung und Hybridisierung der Produkte (Kopplung von Produktion und Dienstleistung) und die stärkere Einbeziehung der Kunden und Geschäftspartner in die Wertschöpfungsprozesse. Diese Dynamisierung geht einher mit der immer größeren Bedeutung eingebetteter Systeme und (teil-)autonomer Maschinen, die sich in und durch Umgebungen bewegen und selbstständig Entscheidungen treffen. Das Ergebnis der Vernetzung von Technologie und mit Digitaltechnik (Chips) versehenen Gegenständen sind hochkomplexe Strukturen, cyberphysische Systeme und das permanent wachsende *Internet der Dinge*. Neben der Fabrikation gehören die Bereiche Mobilität, Klima, Gesundheit und Energie zu den derzeitigen strategischen Anwendungsfeldern der Industrie 4.0. Roboterbasierte Produktionssysteme (SmartFactory), Fahrerassistenzsysteme, selbstständig fahrende Fahrzeuge, Operations-, Pflege-, Therapie- und Serviceroboter, das Smartgrid, Smartwatches, die elektronische Patientenakte und Geräte aus dem Internet der Dinge sammeln unentwegt Daten (BigData), die wiederum für weitere Serviceleistungen genutzt werden. Als Antreiber dieser Entwicklung gelten Ressourceneffizienz, Ergonomie, höhere Sicherheit, Anpassungs- und Wandlungsfähigkeit und nicht zuletzt kommerzielle Aspekte. Kritisch werden in diesem Zusammenhang die Anfälligkeit und Manipulierbarkeit komplexer Systeme ebenso beschrieben, wie die Tatsache des Missbrauchs und der Manipulation der durch die Systeme gesammelten Daten.[75]

Die Herausforderungen der Digitalisierung können mit dem Modell VUCA beschrieben werden: ***Volatilität*** (Veränderungen in unserer Lebensumwelt werden immer schneller, häufiger und extremer.) – ***Unsicherheit*** (Vorhersagen über zukünftig zu erwartende Ereignisse können aufgrund der Komplexität immer schwerer getroffen werden) – ***Komplexität*** (Die Umwelt wird immer komplexer, die Verkettung von sozialen, organisationalen und technischen Netzwerken schafft immer neue Herausforderungen.) – ***Ambiguität*** (Es wird aufgrund einer mehrdeutigen Faktenlage immer schwieriger, zutreffende und präzise Beurteilungen zu treffen.).[76]

Die strategischen Orientierungen des sogenannten *digitalen Transformationsprozesses* werden auch kritisch gesehen, da die Industrie in einer ungezügelten Innovationsdynamik künstlich neue Bedürfnisse generiert und die Illusion schürt, dass immer mehr und bessere Dinge unser Leben angenehmer und glücklicher machen. Das führt zur derzeitigen Situation der immer stärkeren Ausbeutung von Ressourcen, Vernichtung von Ökosystemen und sozialer Ungerechtigkeit. Frederic Laloux beschreibt diese Form der zugrunde liegenden Weltsicht als leistungsorientierte Weltsicht.[77]

3.2 Wissensgesellschaft

Die unter Ziffer 3.1 beschriebenen technologisch-wirtschaftlichen Trends beschreiben nur eine Facette derzeitiger gesellschaftlicher Entwicklung in den entwickelten Industrienationen. Der Begriff der *Wissensgesellschaft* geht auf Beschreibungen der siebziger Jahre des vergangenen Jahrhunderts zurück und beschreibt das Phänomen zunächst als *„verwissenschaftlichte, dienstleistungszentrierte akademisierte Gesellschaft“*.[78] Nach Ansicht Peter Weingarts kennzeichnet die Wissensgesellschaft die enger werdende Kopplung von Politik, Wirtschaft und Medien. Nico Stehr beschreibt folgende, zentrale Aspekte des Vordringens der Wissenschaft in die Gesellschaft:

- *Wissenschaftliche Durchdringung aller Lebens- und Handlungsbereiche*

---

[75]Vgl. BENDEL, O. (2018)
[76] Vgl. LASNIA, M., NOWOTNY, V. (2017), S. 32
[77] Vgl. LALOUX, F. (2017), S.29
[78] Vgl. HEBESTREIT, R. (2013), S.31

- *Verdrängung anderer Wissensformen (z.B. Professionalisierung von Berufen)*
- *Weiterentwicklung der Wissenschaft zu einer Produktivkraft*
- *Herausbildung der Wissenschafts- und Bildungspolitik*
- *Entstehung des Produktionssektors Bildungsproduktion*
- *Veränderung der Herrschaftsstrukturen (Technokratisierung)*
- *Transformation der Legitimationsgrundlage von Herrschaft hin zu wissenschaftlich fundiertem Spezialwissen*
- *Entwicklung des Wissens zur Grundlage sozialer Ungleichheit und Solidarität und Ursache sozialer Konflikte* [79]

Der Zukunftsforscher Matthias Horx vermutet, dass auf der Basis der Veränderungen in der „EconoSphere" und „TechnoSphere" (in Form von Globalisierung, Deregulation von Arbeit und Digitalisierung) gravierende Wandlungen in der MindSphere und KnowledgeSphere im Sinne eines neuen Verständnisses von Lernen und Wissen – also in einer zweiten, fundamentalen Bildungsreform bevorstehen.[80]

Eine besondere Herausforderung der Wissensgesellschaft scheint in der Tatsache zu bestehen, dass mit dem permanenten Wachstum des Wissens, seiner Komplexität und der nahezu unbegrenzten Verfügbarkeit von Informationen der Grad des *Nichtwissens* in gleicher Weise wächst. Dieses Dilemma wirkt in allen komplexen Entscheidungsprozessen, vornehmlich der Wissenschaft, Wirtschaft und Politik, aber auch sozialen Kontexten und führt zu wachsender Verunsicherung bis hin zum Gefühl der Ohnmacht. Einzelne Entscheidungsträger sind zunehmend überfordert, wenn sie angesichts der Fülle von Informationen, Wissen und Nichtwissen in angemessener Zeit angemessene Entscheidungen treffen müssen.
Ein Ausweg aus dem Dilemma können Konzepte der Partizipation, Offenheit und Vernetzung sein. Laloux beschreibt dies als *postmoderne, pluralistische Weltsicht*, die sich durch eine werteorientierte Kultur, wenig Hierarchie und Integration verschiedener Interessengruppen auszeichnet.[81]

3.3 NewWork

Unter NewWork werden heute die aus den gesellschaftlichen und wirtschaftlichen Veränderungsprozessen resultierenden Veränderungen in und Anforderungen an

[79] Ebd., S.32
[80] Vgl. HORX, M. (1999): S.50 f.
[81] Vgl. LALOUX, F. (2017), S.31

Arbeitsprozesse und die darin agierenden Personen subsumiert. Der Philosoph Frithjof Bergmann setzte sich bereits in den siebziger Jahren des vergangenen Jahrhunderts mit der Frage auseinander, wie Arbeit eine neue Qualität in der Gesellschaft erlangen kann. 1984 gründete er das erste *Zentrum* für *neue Arbeit* in Flint (Michigan). Bergmann: *"Das Ziel der Neuen Arbeit besteht nicht darin, die Menschen von der Arbeit zu befreien, sondern die Arbeit so zu transformieren, damit sie freie, selbstbestimmte, menschliche Wesen hervorbringt."* [82] Im Mittelpunkt der Bergmannschen NewWork-Idee stehen der Mensch und der Gedanke einer neuen Arbeitskultur, die Freiheit für die Entfaltung der eigenen Persönlichkeit und die Möglichkeit zu Kreativität, Handlungsfreiheit und Teilhabe an der Gemeinschaft in sich trägt. Arbeit und Freizeit scheinen nach diesem Konzept immer mehr zu verschmelzen.

Gleichzeitig wird deutlich, dass die Integration der NewWork-Idee in bestehende Arbeitskontexte sich dann als schwierig herausstellt, wenn sich nicht (wie Bergmann fordert) auch grundlegenden Paradigmen der bestehenden Wirtschaftsform verändern. Laloux spricht in diesem Zusammenhang von *„Organisationen als lebendige Systeme"*, die ihre Strukturen zu *„fluiden Systemen verteilter Autorität und kollektiver Intelligenz verändern"*, in denen Menschen sich authentisch und *„ihr ganzes Selbst in ihre Arbeit einbringen können"* und *„statt die Zukunft vorherzusagen und zu kontrollieren"* gemeinschaftlich herauszufinden und zu verstehen, *„was die Organisation werden, in welche Richtung sie sich entwickeln will."*[83]

Derartige Änderungsprozesse können sich in bestehenden Organisationen nur langsam vollziehen, da sie vor allem bei jedem Beteiligten der Veränderung bedürfen. Daher erscheint es als sinnvoll, dass vor allem die heranwachsende Generation bereits im Kindes- und Jugendalter mit diesen neuen Denkweisen in Kontakt kommt und Erfahrungen mit ihnen machen kann. Dazu bedarf es Erwachsener, die den Mut haben, sich bereits jetzt in diese Veränderungsprozesse zu begeben.

3.3.1 Soziokratie und Konsent

Ein Organisationsmodell zur Umsetzung der Ideen von NewWork ist das der Soziokratie. Es wurde in den sechziger Jahren des vergangenen Jahrhunderts von dem Holländer

---

[82] Vgl. BERGMANN, F. (2004), S.12
[83] Vgl. LALOUX, F. (2017), S.55

Gerard Endenburg entwickelt und hatte zum Ziel, eine Organisationsform zu finden, in der Führungskräfte und Mitarbeiter partnerschaftlich und effektiv zusammenarbeiten. Die bestehende klassische, lineare Organisationsstruktur eines Unternehmens wird dabei um eine Kreisstruktur ergänzt, die es ermöglicht, dass sich Führungskräfte und Delegierte der nächst unteren Kreise und Mitarbeiter regelmäßig treffen können (aller 4 – 6 Wochen), um Rahmenbedingungen für die gemeinsame Arbeit festzulegen. Dabei werden alle Entscheidungen im *Konsent* getroffen. Das bedeutet, dass keiner der an der Entscheidung Beteiligten ein *Nein* oder einen schwerwiegenden und argumentierten Einwand gegen die im Kreis zu treffende Entscheidung hat. Der getroffene Konsentbeschluss liegt demnach im Toleranzbereich eines jeden am Beschluss Beteiligten und kann von Jedem mitgetragen werden.[84] Damit werden die Nachteile demokratischer Entscheidungsfindungsprozesse, die im schlimmsten Fall mit knapper Mehrheit von 51% getroffen werden, vermieden, gleichzeitig wird aber auch die Bereitschaft zur Mitverantwortung eines jeden im Kreis Beteiligten vorausgesetzt. Wenngleich Konsententscheidungen für einfache Alltagsentscheidungen nicht zwingend notwendig sind, kann auch hier die Idee des Konsent zur Entwicklung einer Kultur der Teilhabe und Verantwortung beitragen. In der soziokratischen Struktur nach Endenburg wird die lineare Struktur um die Konsentstruktur ergänzt. Der Führungskraft kommt demnach die Aufgabe zu, die im Konsent getroffenen Entscheidungen zu „bewachen" und „zur Umsetzung" zu verhelfen. Das soziokratische Modell hat folgende Grundsätze:

- Der Konsent regiert die Beschlussfassung.
- Die Organisation wird in Kreisen aufgebaut, die innerhalb ihrer Grenzen autonom ihre Grundsatzentscheidungen treffen.
- Zwischen den Kreisen gibt es eine doppelte Verknüpfung, d.h. jeweils zwei Personen nehmen an beiden Kreissitzungen teil.
- In den Kreisen werden die Personen für die Funktionen und Aufgaben im Konsent nach offener Diskussion gewählt.[85]

Das soziokratische Modell ermöglicht eine effektive Vernetzung und Informationsverteilung. Gleichzeitig werden alle Anliegen offen und transparent diskutiert. Durch den Beteiligungsansatz des Konsent werden Partizipation aber auch kollektives Wissen

[84] Vgl. RÜTHER, C. (2017), S.8 f.
[85] Vgl. BUCK, J. A., ENDENBURG, G. (2005), S.4 f.

effektiv einbezogen. Die Organisation wird zu Selbstführung und agilem Handeln befähigt.

3.3.2 Agiles Handlungskonzept

Agilität ist als Modewort in der Unternehmenswelt enorm verbreitet. Agile Konzepte stammen ursprünglich aus der Welt der Softwareentwicklung und dienen dort vor allem dem Zweck, die Komplexität der Entwicklungsaufgabe, in die zumeist große Menschengruppen als Entwicklerteams eingebunden sind, die zeitlichen Rahmenbedingungen und die Kundenanforderungen an das Produkt neu und vor allem effektiver zu organisieren. Methoden für die Realisierung beinhalten die Aspekte von Selbstorganisation, Kommunikation, Fehlerfreundlichkeit und Komplexitätsreduktion von umfassenden Aufgabenstellungen. Die Rahmenbedingungen agiler Softwareentwicklung sind im Manifest für agile Softwareentwicklung abgelegt. Dieses beinhaltet folgende Grundprinzipien:

- *Individuen und Interaktionen mehr als Prozesse und Werkzeuge*
- *Funktionierende Software mehr als umfassende Dokumentation*
- *Zusammenarbeit mit dem Kunden mehr als Vertragsverhandlung*
- *Reagieren auf Veränderung mehr als das Befolgen eines Plans*

Das heißt, obwohl wir die Werte auf der rechten Seite wichtig finden,
schätzen wir die Werte auf der linken Seite höher ein."[86]

Der Grundansatz dieses Konzeptes hat sich mittlerweile weit über den Kontext der Softwareentwicklung hinausbewegt. *SCRUM* als eine Methode für agiles Projektmanagement beschreibt folgende Grundwerte für die erfolgreiche Umsetzung agiler Konzepte: Mut (sich den Herausforderungen, auch der der Selbstorganisation zu stellen), Selbstverpflichtung (gefasste Pläne, Vorhaben und Ziele im vereinbarten Zeitrahmen zu erreichen), Fokus (auf die vereinbarte Teilaufgabe mit der Idee, die Menge der nicht getanen Arbeit zu maximieren, um das Teilziel zu erreichen), Offenheit (für die empirische Vorgehensweise im Prozess, also die Bereitschaft, sich auf neue Techniken und Methoden einzulassen, sie auszuprobieren und daraus gewonnene Erkenntnisse im weiteren

---

[86] Vgl. BECK, K., et. al. (2001)

Prozess anzuwenden) und Respekt (als Basis effektiver Kommunikation im Team und Wertschätzung der Kompetenz der anderen Teammitglieder).[87]

Kernidee des SCRUM-Prozesses ist, Arbeitsaufgaben in sogenannten *Sprints* (Zeitabschnitte von maximal einem Monat) zu einem vorab festgelegten Ergebnis zu bringen. Die Planung, Realisierung und Evaluierung (als Grundlage weiterer Planungsschritte) obliegt dem der Aufgabe entsprechend multiprofessionell organisierten *Entwicklerteam*. Dieses Entwicklerteam ist strukturiert und befähigt, selbstorganisiert zu planen und zu handeln. Der *ProductOwner* ist eine Einzelperson, die das sogenannte *ProductBacklog* verantwortet. Das ProductBacklog ist die einzige, aber dynamische Anforderungsliste an das Produkt. Es entwickelt sich mit der Produktreifung. Auf Basis des ProductBacklog entwickelt das Entwicklerteam im sogenannten *SprintPlanning* die für den Sprint geplanten Aufgaben und Ziele. Dafür beschreibt der PoductOwner das Ziel, das mit dem Sprint erreicht werden soll und die ProductBacklog – Einträge, die mit Erreichen des Ziels erfüllt werden. Das gesamte Scrumteam erarbeitet daraus resultierend die Arbeitsinhalte für den bevorstehenden Sprint. Entscheidend für diesen Prozess ist, dass einzig das Entwicklerteam darüber entscheidet, welche ProductBacklog – Einträge im nächsten Sprint bearbeitet werden. Am Ende eines Sprints wird ein *SprintReview* abgehalten, indem eine Evaluation der im Sprint realisierten Ergebnisse und ggf. Anpassungen im ProductBacklog erfolgen. *DailyScrums* – also tägliche, maximal fünfzehnminütige Meetings des Entwicklerteams ermöglichen eine Rückschau auf die bereits erledigten Aufgaben, eine Prognose über die zu erledigenden Aufgaben, die Analyse von Hilfs- und Unterstützungsbedarf bei einzelnen Mitgliedern des Entwicklerteams. Es kann also als tägliches Update aller Teammitglieder angesehen werden, um den gemeinsamen Arbeitsprozess effektiv, realisierbar und angenehm zu gestalten.
Der *ScrumMaster* kann als der Coach des SCRUM-Prozesses verstanden werden. Er ist dafür verantwortlich, Scrum im Sinne des Scrum-Guides zu unterstützen und zu befördern. Daher dient er sowohl dem Unternehmen, dem ProductOwner und dem Entwicklerteam als Coach und Berater.

Die Implementierung agiler Handlungskonzepte in Organisationen erfordern Mut und die Einbeziehung aller Beteiligten. Letztlich müssen die Grundsätze des agilen Manifests bereits bei seiner Implementierung beachtet werden.

[87] Vgl. SCHWABER, K., SOUTHERLAND, J. (2017), S.1 ff.

3.4 Zwischenfazit

Gesellschaftliche Prozesse verlaufen unmerklich und kontinuierlich. Wenngleich Laloux vermutet, dass wir uns derzeit in einer *„der Übergangsperioden"* zu befinden scheinen, *„wo das Alte langsam auseinanderfällt, aber sich das Neue noch nicht geformt hat"*[88], und immer mehr Menschen und Organisationen sich auf den Weg zu neuen Paradigmen und Kulturen aufmachen, scheinen die Konstrukte alter Modelle mit großer Zähigkeit bestehen zu bleiben. Alle von Laloux beschriebenen und möglicherweise bereits überkommenen Weltsichten scheinen in Mischformen weiterhin erhalten und erschweren immer wieder den kulturellen Wandel. Der Weg in eine *integrale-evolutionäre Weltsicht* erscheint steinig und dennoch machbar. Dafür sprechen nicht zuletzt Statistiken, die die Sinnhaftigkeit dieser Wegrichtung untermauern können.

Wenngleich die Gallup-Studie für Deutschland über die letzten 15 Jahre nur 15% Mitarbeitende diagnostiziert, die sich mit ihrer Arbeit emotional verbunden fühlen, weist genau diese Gruppe auf wesentliche Faktoren einer gesunden und zufriedenheitsstiftenden Arbeitsumgebung hin, die Mitarbeitende veranlasst, einen langfristigen Verbleib in diesem Unternehmen zu planen (83%). Dazu gehören:

- Der Mitarbeitende hat die Möglichkeit, das zu tun, was er richtig gut kann
- Die Führungskraft
- Eine herausfordernde und abwechslungsreiche Tätigkeit
- Kolleginnen und Kollegen
- Unternehmensziele und -philosophie

Die Anzahl der Urlaubstage, das Gehalt, soziale Vergünstigungen, Zuschüsse, Annehmlichkeiten und die Sicherheit des Arbeitsplatzes erwiesen sich als die Faktoren mit geringem Einfluss auf die emotionale Mitarbeiterbindung. Die Mitarbeitenden mit hoher emotionaler Bindung fühlen sich durch die Leitung motiviert, hervorragende Arbeit zu leisten (66%) und durch das Arbeitsumfeld in ihrer Produktivität unterstützt (71%). Der Krankenstand von Mitarbeitenden ohne emotionale Bindung an das Unternehmen ist höher als bei denen mit geringer und hoher emotionaler Bindung.[89]

---

[88] Vgl. LALOUX, F. (2017), S.18 f.
[89] Vgl. GALLUP GMBH (2017)

Diese Befunde decken sich teilweise mit den Ergebnissen der 17. Shell-Jugendstudie aus dem Jahr 2015. Jugendliche wünschen sich neben Vereinbarkeit von Arbeit, Freizeit und Familie eine berufliche Tätigkeit, die verlässliche Gestaltungsmöglichkeiten und selbstbestimmtes, sinnvolles und gesellschaftlich nützliches Handeln ermöglicht. Allerdings halten 95% der Jugendlichen einen sicheren Arbeitsplatz für sehr wichtig. Im Rahmen der Untersuchung der Erwartungen an den Beruf können vier Strömungen ausgemacht werden: 37% betonen Nutzen und Erfüllung im Berufsleben gleich stark und sind der Ansicht, dass die Arbeit sich an das Leben anpassen muss. 18% stellen den Aspekt der Erfüllung in den Vordergrund und erhoffen sich ein sinnstiftendes Berufsumfeld, in dem die gute Zusammenarbeit mit anderen im Vordergrund steht. 27% betonen den Nutzen, also ein hohes Einkommen und Aufstiegsmöglichkeiten. Die verbleibenden 18% haben nur moderate Erwartungen an Nutzen, Erfüllung, Planbarkeit des Berufslebens und Vereinbarkeit von Arbeit und Leben. Die Studie leitet hieraus das Erfordernis unterschiedlicher Ansätze dafür ab, wie Jugendliche motiviert und adäquat in das Berufsleben eingebunden werden können. Obwohl die Zahl der mit der Demokratie in Deutschland zufriedenen Jugendlichen auf 73% gestiegen ist, liegt der Prozentsatz der Jugendlichen, die an in die Wirksamkeit von aktiver politischer Teilhabe *(„Politiker kümmern sich nicht darum, was Leute wie ich denken.“*) glauben, nur bei 69%. Dahinter wird eine Politikverdrossenheit vermutet. Gleichermaßen zeigt sich aber auch, dass Jugendliche in gewachsenem Maße niederschwellige Angebote zur Teilhabe und Mitgestaltung der Gesellschaft, vor allem über digitale Medien nutzen. Im Wertekanon der Jugendlichen stehen Freundschaft, Partnerschaft und Familie im Vordergrund. Tugenden wie Fleiß, Ehrgeiz und Respekt vor dem Gesetz werden betont. Die Neigung zu einem umwelt- und gesundheitsbewussten Verhalten ist gestiegen. 82% der Jugendlichen empfinden den Wert *„Die Vielfalt der Menschen anerkennen und respektieren“* als wichtig, 60% sogar als sehr wichtig.[90]

Werden aktuelle neurowissenschaftliche Kenntnisse über Lernen, Persönlichkeit, Motivation und Entscheidung mit aktuellen gesellschaftlichen Trends und Methodenprozessen in Verbindung gebracht, lassen sich interessante Thesen bilden, die sicherlich keiner wissenschaftlichen Beweisführung entsprechen, aber als Denkanstöße für Veränderungsprozesse und Weiterentwicklung dienen können:

---

[90] Vgl. ALBERT, M., HURRELMANN, M., QUENZEL, G. (2015), S.14-46

Menschliche Lernprozesse sind agil

Entscheidend für die effektive Verarbeitung von komplexen Aufgabenstellungen scheint eine sequentielle Verarbeitung von strukturierten Teilaufgaben. Der Flaschenhals für die Verarbeitung liegt dabei im Arbeitsgedächtnis. Zur Bewältigung der jeweiligen Aufgabe, also der Verarbeitung der vorhandenen Informationen werden verschiedene Hirnzentren gleichberechtigt und ihrer „Kompetenz" entsprechend vernetzt und in die Bearbeitung einbezogen (vgl. Ziffer 2.1.1, Globale Arbeitsfläche). Dabei werden alle zur Lösung nützlichen Bestandsinformationen einbezogen und verknüpft. Das entstehende Zwischenergebnis wird nach dem Prinzip von Trial and Error bewertet und ggf. dadurch eine Zielanpassung vorgenommen. Die Ergebnisse der Teilschritte werden als positive oder negative Erfahrungen „dokumentiert" und bei neuerlichen Herausforderungen als Erfahrungswerte einbezogen. Diese Abläufe scheinen in einiger Näherung der Vorgehensweise bei SCRUM ähnlich zu sein. (vgl. Ziffer 3.2.3).

Komplexitätsreduktion und Delegation vereinfachen Entscheidungsprozesse

Ebenfalls mit der Verarbeitungskapazität des Arbeitsgedächtnisses hängt die Fähigkeit des Entscheidens in komplexen Entscheidungssituationen ab. Schnell reicht die Kapazität des Arbeitsgedächtnisses nicht aus, alle einzubeziehenden Fakten und Rahmenbedingungen zu vergleichen und zu bewerten. Eine optimale Entscheidungsfindung ist damit eingeschränkt. Sinnvoll erscheint hier, den Entscheidungsprozess an das Vorbewusste zu delegieren, das wesentlich mehr Kapazität für eine breite Bearbeitung des Entscheidungsfalles bietet. Die Entscheidung kommt dann „aus dem Bauch". Vergleichbar ist diese Vorgehensweise mit Entscheidungsprozessen, bei denen die Entscheidungsaufgabe durch Teilhabekonzepte auf mehrere Personen verteilt wird. Die Erfahrungen und das Wissen und die Arbeitsgedächtnisse einer Gruppe von Menschen werden quasi zusammengeschaltet und können so wesentlich mehr Facetten komplexer Entscheidungsprozesse erfassen. Dabei wird auch die Verantwortung für die Entscheidung geteilt, was den mit der Verantwortung verbundenen Stress senkt.

Selbsttätigkeit & Selbstverantwortung lassen Selbstwirksamkeitserfahrung & Flow zu

Motivation ist abhängig von erkannter Sinnhaftigkeit und vorstellbarer Machbarkeit einer Aufgabe. Ist ein Mensch aufgefordert, eine ihn herausfordernde und sinnvolle Aufgabe selbst zu wählen, zu konzipieren und zeitlich zu planen, wird die dafür notwendige Motivation groß sein. Im Idealfall kann während der Bearbeitung der Aufgabe Flow entstehen. Unterstützend wirken die Möglichkeiten regelmäßiger Feedbacks, die die eigene Wirksamkeit würdigen, und das Angebot von Unterstützung aus einem gemeinsam agierenden Team. Diese Ansätze sind in agilen Konzepten enthalten.

Gemeinsames Arbeiten und Entscheiden stärken das Verbundenheitsgefühl
Agile Konzepte und die Soziokratie setzen auf die Gemeinschaft und kollektive Kraft von Teams. Voraussetzung für gelingende Teams ist eine gemeinsame Teamkultur, die gemeinsame Ziele und einen gemeinsamen Handlungsansatz, der die Individualität des Einzelnen integriert und respektiert, beinhaltet. Der Drang nach sozialer Beziehung und Sich-Einbringen-Können ist tief in der menschlichen Grundpersönlichkeit verankert. Wird er durch gelingende Gruppensituationen, die die Möglichkeit zur Resonanz mit den in der Gruppe agierenden Menschen geben, erfüllt, kann das eine Quelle von tiefster Zufriedenheit und Glücksempfinden für alle Beteiligten sein.

Authentizität und Glaubwürdigkeit sind Grundlage motivierender Beziehungen
Die menschliche Kommunikation und Interaktion sind zutiefst geprägt von den zugrundeliegenden Persönlichkeiten. Vor allem der Bereich der nonverbalen Kommunikation sorgt in eindrucksvoller und vor allem schneller Weise für die Einschätzung eines Gegenübers (vgl. Ziffer 2.2.1). Ob eine verbal kommunizierte Führungsentscheidung als bestärkend und motivierend wahrgenommen wird, ein Unterstützungsangebot als ehrlich, ein Feedback als wertschätzend und gleichwürdig, hängt im besonderen Maße von der Glaubwürdigkeit und Authentizität des Absenders dieser Botschaften ab, die sich in den durch seine Haltung und Persönlichkeit geprägten nonverbalen Signale zeigen.

Persönliche Kontakte und Feedback steigern Kohärenzsinn und Verbundenheit
Laut Gallup haben 41% der Menschen mit hoher emotionaler Bindung an ihre Arbeitsstelle mehr als fünf Mitarbeitergespräche mit ihren Leitern pro Jahr geführt.[91] Authentisches, zeitnahes Feedback und aufrichtiges Interesse an Tätigsein und Persönlichkeit des Gegenübers lassen Selbstwahrnehmung und Selbstwirksamkeitssgefühl bei selbigem wachsen. Die Erkenntnis, „gewollt und richtig" zu sein, stärkt das Kohärenzempfinden, also das Gefühl des Zusammenhangs, der Verstehbarkeit, Sinnhaftigkeit und Gestaltbarkeit des Lebens.[92]

Die aufgestellten Thesen wiederum stehen in engem Zusammenhang mit den unter Ziffer 1.1 geschilderten Faktoren für ein glückliches und erfülltes Leben aus der Grant Study. Es erscheint also möglich, die Lebensumwelt, die sich nach den Prognosen der Zukunftsforscher immer weniger in eine Arbeits- und Freizeitwelt unterteilen lassen wird, so zu gestalten, dass sie zu einem glücklichen und erfüllten Leben gereicht.

Einen großen Anteil dazu hat der einzelne Mensch in der Hand. Gleichzeitig besteht der Anspruch an die von Menschen gebildeten Institutionen, Organisationen, Gesellschaften, sich und die Lebensumstände und -umfelder gemeinsam im oben genannten Sinne weiter zu entwickeln. Dafür sind *beständiges und lebenslanges Lernen und Freude an der eigenen Weiterentwicklung* ebenso unabdingbar, wie die *Offenheit für Veränderung* und die damit verbundenen Erfahrungen. Eine wesentliche Verantwortung für die Bereitstellung von Möglichkeiten für diesen Lernprozess kommt den mit der Bildung von Kindern, Jugendlichen und jungen Erwachsenen in Beziehung stehenden Institutionen und Organisationen zu.

---

[91] Vgl. GALLUP GMBH (2017)
[92] Vgl. ESCH, T. (2017), S.187

4. Schulisches Lernen in Deutschland

4.1 Lernort Deutschland

Deutschland ist durch ein förderalistisches Bildungssystem gekennzeichnet. Das heißt, die politische Verantwortung für die Bildungspolitik wird von den Ländern und damit den Landesregierungen getragen. Die Ausgestaltung der Bildungssysteme, vorrangig des allgemeinbildenden Schulwesens ist demnach Ländersache und divergiert über die Bundesländer. Die Grundstruktur des Bildungssystems mit fünf Bildungsbereichen: Elementarbereich bis 6. Lebensjahr; Primarbereich 1. – 4.(6.) Jahrgang; Sekundarbereich I; Sekundarbereich II; Tertiärbereich (Universitäten, Hochschulen). Die Bildungsabschlüsse und die Übergangsmöglichkeiten für Absolventen zwischen den Bildungsbereichen sind in der Bundesrepublik einheitlich geregelt.

Seit 1919 besteht in Deutschland die allgemeine Schulpflicht, die die bis dahin gültige Unterrichtspflicht ablöste und dem Staat die Bildungshoheit übertrug, Privatschulen aber nicht ausschließt. Die Schulpflicht ist in den Schulgesetzen der Länder verankert und gilt bis zum vollendeten 18. Lebensjahr.

In einem Urteil des Verfassungsgerichtes anlässlich einer Schulverweigerungsklage wird zu einer wichtigen Aufgabe des öffentlichen Schulwesens ausdrücklich Stellung bezogen und damit die allgemeine Schulpflicht begründet:

Die allgemeine Schulpflicht dient [...] der Durchsetzung des staatlichen Erziehungsauftrags. Dieser Auftrag richtet sich [...] auch auf die Heranbildung verantwortlicher Staatsbürger." Dafür seien Schulen effektiver, weil hier *„Kontakte mit der Gesellschaft und den in ihr vertretenen unterschiedlichen Auffassungen nicht nur gelegentlich stattfinden, sondern Teil einer mit dem regelmäßigen Schulbesuch verbundenen Alltagserfahrung sind.“* Ergänzend wird ausgeführt: *"Die Allgemeinheit hat ein berechtigtes Interesse daran, der Entstehung von religiös oder weltanschaulich motivierten ‚Parallelgesellschaften' entgegenzuwirken und Minderheiten zu integrieren. Integration setzt dabei nicht nur voraus, dass die Mehrheit der Bevölkerung religiöse oder weltanschauliche Minderheiten nicht ausgrenzt; sie verlangt auch, dass diese sich selbst nicht abgrenzen und sich einem Dialog mit Andersdenkenden und -gläubigen nicht verschließen [...]. Dies im Sinne gelebter Toleranz einzuüben und zu praktizieren, ist eine wichtige Aufgabe der öffentlichen Schule."* [93, 94]

---

[93] Vgl. TENORTH, H.E. (2008), S.21

[94] Vgl. BUNDESVERFASSUNGSGERICHT (2006), BvR 1693/04 vom 31. 5. 2006, Abs. 16 aa./ Abs.19

Schule wirkt demnach gesellschaftsbildend und gesellschaftsprägend. Diese Auffassung wird philosophisch und bildungstheoretisch sehr unterschiedlich diskutiert. Nach Caruso, der sich in diesem Teil seiner Schrift auf Paolo Freire bezieht, können durch Bildung (im Sinne von Schule) *Räume für die Verwirklichung alternativer, sozialer Muster* eröffnet werden, indem sich *„das Gesellschaftliche verflüssigt, bzw. in Bewegung versetzt wird"*. Wenn Pädagogen sich dieser Verantwortung bewusst sind, erscheint es möglich, dass schulische Bildung Einfluss auf gesellschaftliche Trends nehmen kann.[95]

Im Schuljahr 2016/17 besuchten in Deutschland 11,0 Millionen Schüler 33.493 allgemeinbildende Schulen. Dort wurden sie von 673.225 Lehrerinnen und Lehrern begleitet. Der Anteil von Pritvatschulen beträgt in Deutschland im Bereich der Grundschulen 5,6% und im Bereich der höheren Schulen 15,8%. Sie wurden von 1,1 Millionen Schülerinnen und Schülern besucht. Die Pädagogenschaft ist zu 73% weiblich. 67% der Pädagoginnen und Pädagogen sind bereits über 40 Jahre alt, davon 26% über fünfzig und 14% über sechzig.[96]

4.2 Bildungsinhalte und Unterrichtsformen

„Der Erziehungs- und Bildungsauftrag der Schule wird bestimmt durch das Recht eines jeden jungen Menschen auf eine seinen Fähigkeiten und Neigungen entsprechende Erziehung und Bildung ohne Rücksicht auf Herkunft oder wirtschaftliche Lage."
„Die schulische Bildung soll zur Entfaltung der Persönlichkeit der Schüler in der Gemeinschaft beitragen." [97]
Der Bildungsauftrag von Schulen ist in den Schulgesetzen der Länder verankert, die die Rahmenbedingungen für die schulische Bildung bereitstellen.
Interessant scheint hierbei, dass der Schwerpunkt des Bildungsauftrages in der Herausbildung und Entfaltung der Persönlichkeit der Schülerinnen und Schüler in Zusammenarbeit mit deren Eltern, öffentlichen Institutionen und gesellschaftlichen Partnern liegt. Den Schulen wird hinsichtlich der Umsetzung dieses Bildungsauftrages und der Lehrpläne Gestaltungsfreiheit zugewiesen, indem sie verpflichtet sind, ein eigenes Konzept und ein Schulprogramm zu entwickeln. Ebenso sind die Schulen zur regelmäßigen

[95] Vgl. CARUSO, M. (2006), S.19-26
[96] Vgl. DESTATIS (2018)
[97] Vgl. FREISTAAT SACHSEN (2004), § 1 (1)

Evaluation ihrer Ergebnisse verpflichtet. Die Grundlage für den Unterricht sind die durch die oberste Schulbehörde festgelegten Bildungsstandards, Lehrpläne und Stundentafeln. *„Bildungsstandards bestimmen, über welches verbindliche Wissen und welche Kompetenzen Schüler zu einem bestimmten Zeitpunkt verfügen müssen."*[98] Die Bildungsstandards werden durch die Kultusministerkonferenz verabschiedet und liegen u.a. für die Primarstufe, den Hauptschulabschluss, den mittleren Schulabschluss und die Allgemeine Hochschulreife in unterschiedlichen Fachbereichen vor. Ziel der bundesweiten Bildungsstandards ist es, der Kompetenzorientierung bei der Ausgestaltung der Lehrpläne mehr Bedeutung und Raum zu geben. Die Lehrpläne werden von den Kultusministerien der Länder erstellt und orientieren sich an den Bildungsstandards. Auffällig dabei erscheint, dass die Lehrpläne sehr stark inhalts- und stoffbezogene Schwerpunkte (in Form von auf Lernfelder bezogene fachliche Kompetenzen) setzen. Die Art und Weise des Erlernens der im Bildungsauftrag beschriebenen sozialen und persönlichen Kompetenzen spiegelt sich nur wenig oder gar nicht in Form von konkreten Kompetenzfeldern wider und werden auch noch heute in sogenannten „Kopfnoten" subsumiert. Es besteht dadurch die Gefahr, dass die „Bewertung" der Schülerpersönlichkeit vorrangig auf fächerbezogene Noten reduziert wird.

Unterrichtsformen

Konzepte des offenen Unterrichts werden seit der 70er Jahre des vergangenen Jahrhunderts vor allem in reformpädagogischen Ansätzen diskutiert. *„Schüleraktivierender, mit Wahlangeboten versehener, operativer und individualisierender, binnendifferenzierender Unterricht, der Umgang mit Heterogenität sowie die Diagnostik und Förderung individueller Lernprozesse"*[99] sind inzwischen Forderungen der Bildungspolitik und spiegeln sich in Bildungsstandards und Lehrplänen wider. Allein die Umsetzung an Schulen scheint nur schwerfällig und sehr heterogen vonstatten zu gehen. Brügelmann kommt zu dem Ergebnis, dass der Einsatz unterschiedlicher Unterrichtsformen an Schulen nur sehr wenig untersucht sei. Im Ergebnis seiner eigenen Untersuchung zeigt sich, dass maximal 10% aller Schulen sehr unterschiedliche Formen offenen Unterrichts regelmäßig und etabliert einsetzen. Einsatzgebiet sind vornehmlich Grundschulen.[100] Es ist also zu konstatieren, dass Formen des gebundenen, lehrerzentrierten Unterrichtes eher zum

[98] Vgl. FREISTAAT SACHSEN (2004), §35 (2)
[99] Vgl. LIN-KLITZING, S. (2011), S.30 f.
[100] Vgl. BRÜGELMANN, H. (2008) S.13

Normalzustand an deutschen Schulen gehören. Dies ist möglicherweise auch den Rahmenbedingungen an vielen Schulen (Klassengröße, Personalausstattung, usw.) aber auch der fachlichen Kompetenzen der Lehrpersonen (vgl. Altersverteilung unter Lehrpersonen, Ziffer 4.1) geschuldet.
Vornehmlich reformpädagogisch orientierte Grundschulen scheinen sich in unterschiedlicher Intensität Formen des offenen und damit schüler- und kompetenzorientierten Unterrichts zuzuwenden. Wird offener Unterricht in der Form eines durch Methodenvielfalt und Wechsel von durch die Lehrperson initiierten und durch die Lernenden selbst gesteuerten Lernsequenzen verstanden, ergeben sich für die Lehrperson vielfältige Möglichkeiten zu interaktiven Feedbacks, Kleingruppensettings und individueller Begleitung.

4.3 Lehrpersonen

Pädagogisches Handeln ist durch situative Auswahl und Gebrauch unterschiedlicher Techniken geprägt. Dabei werden *„...planbare mit spontanen, intuitiven Handlungen kombiniert. Unerwartete Situationen und Lernmomente werden erkannt und aufgegriffen. Pädagogik stellt nach diesen Ansätzen eine auf Wissenschaft basierende Kunst dar."*[101]
Wie Lerninhalte zum Lernenden kommen, ist Inhalt und Aufgabe der Didaktik. Sie beschreibt als Wissenschaft die Theorie und Praxis des Lernens und Lehrens. Dabei stellen Jank und Meyer die These auf, dass es die Aufgabe der Didaktik als Handlungswissenschaft sei, *„den Lehrerinnen und Lehrern folgenreiche Handlungsorientierungen zu geben."* Die Didaktik klärt dabei die Fragen, *„Wer, was, von wem, wann, mit wem, wo, wie, womit und wozu lernen soll."*[102] Die inhaltliche Frage des „WAS" wird dabei an die Fachdisziplin der Lehrplan- und Curriculumtheorie verwiesen. Interessant erscheint, dass in diesem aktuellen Standardwerk zur Didaktik die Neurowissenschaften nicht als wissenschaftliche Partnerdisziplin aufgeführt werden. Während allgemeine Didaktiken Lehren und Lernen unabhängig fachspezifisch-inhaltlicher Aspekte beleuchten, sind Fachdidaktiken inhaltlich ausgerichtet.

[101] Vgl. HECHT, M. (2009), S.380 f.
[102] Vgl. JANK, W., MEYER, H. (2018), S.16

In der Literatur existieren unterschiedlich akzentuierte allgemeindidaktische Modelle, die im Rahmen dieser Arbeit nicht beleuchtet werden können. Grundsätzlich können allgemeine Didaktiken nur ein Rahmenkonzept pädagogischen Handelns bereitstellen und werden von Praktikern in ihrer Verwertbarkeit für tatsächliches pädagogisches Handeln kritisch gesehen.[103]

Didaktische Kompetenz ist die Fähigkeit, Lernprozesse zielorientiert und kreativ unter Beachtung der gegebenen Rahmenbedingungen zu gestalten und kritisch zu reflektieren. Didaktische Kompetenz zu entwickeln und zu entfalten, ist ein lebenslanger Lernprozess für Lehrpersonen, der nicht mit Studium und Referendariat abgeschlossen sein kann. Die Fähigkeit zur Selbstreflexion und daraus abgeleiteter Entwicklung scheint vor allem in den noch überwiegend verbreiteten Situationen des pädagogischen „Einzelkämpfertums" eine besondere Herausforderung zu sein. Besonders maßgeblich für erfolgreiches Lehren (bezogen auf den Lehrenden) sind neben didaktischem Theorie- und Praxiswissen und anderen fachlichen Kompetenzen und Erfahrungen vor allem die Persönlichkeitsstruktur und die damit verbundene Haltung und Glaubwürdigkeit der Lehrperson.

Neben der Grundaufgabe des Lehrens werden den Lehrpersonen eine Vielzahl von Aufgaben und Kompetenzen in die Verantwortung gegeben. In den „Standards für die Lehrerbildung" der Kultusministerkonferenz wird ein umfassendes Aufgaben- und Kompetenzspektrum der Pädagoginnen und Pädagogen gefordert. Das daraus resultierende Berufsbild umfasst folgende Punkte:

- *Lehrerinnen und Lehrer sind Fachleute für das Lehren und Lernen.*
- *Lehrerinnen und Lehrer sind sich bewusst, dass die Erziehungsaufgabe in der Schule eng mit dem Unterricht und dem Schulleben verknüpft ist.*
- *Lehrerinnen und Lehrer üben ihre Beurteilungs- und Beratungsaufgabe [...] kompetent [...] aus. [...] Dafür sind hohe pädagogisch-psychologische und diagnostische Kompetenzen von Lehrkräften erforderlich.*
- *Lehrerinnen und Lehrer beteiligen sich an der Schulentwicklung* [104]

Diese Standards scheinen zu belegen, dass die Politik sich durchaus der Wichtigkeit der inhaltlichen Breite und Verantwortung einschließlich der beziehungsbezogenen Anforderungen an den pädagogischen Beruf bewusst ist. Allerdings zeigen Studien zur

[103] Vgl. JANK, W., MEYER, H. (2018), S.36
[104] Vgl. KULTUSMINISTERKONFERENZ (2004)

Lehrerbelastung eine enorme Herausforderungs- bis Überforderungssituation der Pädagoginnen und Pädagogen im Schulalltag. Die ermittelten Faktoren reichen von Schwierigkeiten mit der Disziplin, Lernmotivation und Lernvoraussetzungen der Lernenden über die Bedingungen am Arbeitsplatz (z.B. fehlende Rückzugsräume, hektisches Arbeitsklima, zu große Klassen, Einschränkungen durch Vorschriften, schlechte Stimmung im Kollegium, unzureichende Wertschätzung durch Schulleitung, Belastung durch Vertretungsstunden) bis zur fehlenden gesellschaftlichen Reputation und Wertschätzung des Lehrerberufs. Gleichzeitig zeigen andere Studien, dass es Lehrerinnen und Lehrer gibt, die in ihrem Beruf hoch zufrieden sind, sich aber bis an die Grenze belastet fühlen.[105] Einer Studie aus Bayern zufolge litten 2014 30% aller beschäftigten Lehrer und Erzieher an psychischen Problemen oder Burnout.[106] Die Belastungssituation an deutschen Schulen scheint demnach sehr hoch zu sein. Gleichzeitig zeigen die vorliegenden Studien die Bedeutsamkeit des Lehrerwohlbefindens im Schulalltag. *„Lernen und gelingender Unterricht sind eng mit dem positiven Erleben zwischenmenschlicher Beziehungen verbunden.“*[107]

Es ist daher entscheidend, Schulentwicklung so zu betreiben, dass Lehrpersonen ausreichend Unterstützung und Begleitung bei der Bewältigung des Schulalltages und ihrer persönlichen Entwicklung ebenso erhalten, wie sie entsprechende gesunde Umgebungsbedingungen vorfinden.

Die klassische Lehramtsausbildung vollzieht sich in drei Stufen: Studium und Abschluss der ersten Staatsprüfung – Vorbereitungsdienst (Referendariat) – Zweite Staatsprüfung. Die Abbruchrate im Lehramtsstudium ist mit durchschnittlich 11% (Zeitraum 1999 – 2006) im Vergleich zu anderen Fachrichtungen verhältnismäßig niedrig. Als Hauptgründe für einen Studienabbruch oder Wechsel der Studienrichtung werden schlechte Studienbedingungen, Leistungsprobleme im Studium, berufliche Neuorientierung während der Studienzeit und schwindende Studienmotivation angegeben.[108] Als Ursache sinkender Motivation und wahrgenommenen schlechten Studienbedingungen kann eine starke Divergenz zwischen dem zu Studienbeginn erwarteten Studien- und Ausbildungsinhalt und der Studienrealität angenommen werden. Lehramtsstudierende

---

[105] Vgl. GRAMS DAVY, S. (2017), S.22 f.
[106] Vgl. LENZEN, D. (2014), S.20 f.
[107] Vgl. GRAMS DAVY, S. (2017), S.24
[108] Vgl. HEUBLEIN, U., et al. (2010), S.7 f.

berichten immer wieder über fehlenden Praxisbezug und überbordende Tiefe und Schwierigkeitsgrade, vor allem in der jeweils gewählten Fachrichtung. Diese Wahrnehmung korreliert mit einer Studie aus dem Jahre 2012. Dieser Studie zufolge fühlen sich nach dem Studium nur 50% der ausgebildeten Lehrerinnen und Lehrer ausreichend auf die Praxis vorbereitet. Der sogenannte Praxisschock im Referendariat (20%) führt nicht nur zu erheblichen Schwierigkeiten oder Stress bei den Berufseinsteigern, sondern auch teilweise zur beruflichen Neuorientierung. Die Hauptgründe für das Gefühl der schlechten Vorbereitung durch das Studium werden Kompetenzen im Umgang mit Schülerinnen und Schülern (insbesondere schwierige Situationen) und Eltern – also in der *Beziehungskompetenz* genannt. Gleichzeitig fühlen sich dieselben Personen hinsichtlich der zu vermittelnden Lerninhalte (Lernstoff) mehrheitlich gut gerüstet. Angehende Lehrerinnen und Lehrer fühlen sich vor allem in der Zeit des Vorbereitungsdienstes alleingelassen und ausgeliefert. Ein Transfer der im Studium erlernten Kompetenzen in die Praxis scheint nicht möglich. Interessant scheint in diesem Zusammenhang die Selbstwahrnehmung des Berufsstatus. Während etwa die Hälfte aller Lehrerinnen und Lehrer das Ansehen des Lehrerberufes eher als schlecht beurteilen, gehört der Lehrerberuf in der Bevölkerung zu den angesehensten Berufen.[109]

Der Bedarf an Lehrerinnen und Lehrern ist in vielen Bundesländern derzeit eklatant hoch. Der aktuelle Lehrermangel führt zu hohen Schülerzahlen in den Klassen, einer großen Anzahl von Unterrichtsausfall und einem Mehraufwand an Vertretungsstunden. Die Belastungen der Lehrerinnen und Lehrer steigt dadurch enorm.

Einer Studie der Berthelsmann-Stiftung zufolge steigt der Bedarf an Lehrerinnen und Lehrern bis 2025 weiter an.[110]

Eine Reform der Lehrerbildung hin zu mehr Praxisbezug scheint aus dieser Sicht von vordinglicher Wichtigkeit zu sein.

---

[109] Vgl. INSTITUT FÜR DEMOSKOPIE ALLENSBACH (2012)

[110] Vgl. KLEMM, K., ZORN, K. (2018)

4.4 Lernende

Wenn Kinder im Alter von meist sechs Jahren ihre Schulzeit beginnen, kommen sie nicht als „unbeschriebenes Blatt", sondern als junge Menschen mit einer sechsjährigen Lebenserfahrung. Die meisten von ihnen haben spätestens ab dem dritten Lebensjahr (2017: 93,4%) eine Kindertageseinrichtung besucht, dabei verbrachten 43% mehr als sieben Stunden dort. Interessant scheint auch, dass 20% aller Kinder im Alter von 0 bis 3 Jahren bereits in eine Kindertagesstätte gebracht werden, wovon 55% mehr als 7 Stunden dort sind. In den neuen Bundesländern ist diese Praxis mehr verbreitet (51,3%) als in den Altbundesländern.[111] Aus diesen Zahlen lässt sich schließen, dass für den überwiegenden Teil der Kinder im Alter von über drei Jahren die familiäre Komponente der kindlichen Entwicklung geringer wird und die Zeit für Sozialisierungsprozesse eher in der Kindertagesstätte liegt. Für Kinder, die bereits im ersten Lebensjahr in eine Kindertageseinrichtung gegeben werden, ist die Zeit für intensive Bindungserfahrungen mit den Eltern, vornehmlich der Mutter, beschränkt. Als wichtige Größe für die weiteren Sozialisierungsprozesse erweist sich daher die Beziehung zu anderen, möglichst festen Bezugspersonen neben den Eltern.

Remo Largo beschreibt die *interindividuelle Entwicklungsspanne*, also die Diversität der bereits ausgeprägten Kompetenzen (*Entwicklungsalter)* in einem *chronologischen Alter*. Dabei zeigt sich, dass diese Spanne – bedingt durch unterschiedliche Anlagen und Entwicklungsvoraussetzungen im bereits durchlaufenen Lebenszeitraum – bei Kindern im Schuleintrittsalter um etwa drei Jahre schwankt. Mit zunehmendem Lebensalter spreizt sich diese Spanne immer weiter. Im Alter von 13 Jahren liegt sie bereits bei acht Jahren.[112] Für den Eintritt in die Schule kann das bedeuten, dass es bereits in der ersten Jahrgangsstufe Kinder gibt, die lesen und schreiben können, neben solchen, die durch den Stand ihrer motorischen Kompetenzen noch nicht in der Lage sind, einen Stift angemessen zu führen. Die durch Lehrpläne in Jahrgangsschritten vorgegebenen zu erreichenden Kompetenzen erscheinen vor diesem Hintergrund absurd, vor allem, wenn diese, wie der Alltag zumeist zeigt, auf nur *einem* vorgegebenen didaktischen Pfad *gemeinsam* erreicht werden sollen. Die Bildungspläne für Kindertagesstätten der Länder zeigen, dass dieser individuellen Entwicklung durch geeignete Konzepte Rechnung getragen wird. Bildung wird demnach als Selbstbildung definiert und stellt den Lernenden

---

[111] Vgl. DESTATIS (2018 b)

[112] Vgl. LARGO, R.H., BEGLINGER, M. (2009), S.93

in den Mittelpunkt der Verantwortung für den Lernprozess. Den unterschiedlichen Kindertageseinrichtungen kommt dabei die Aufgabe zu, *Bildungsräume* bereitzustellen, die dem ganzheitlichen Bildungsauftrag gerecht werden.[113] Interessant scheint dabei, dass sich mit der Zeit des Schuleintrittes die Ziele und Aufträge für schulische Bildung in der Grundschule und den Schulhorten nicht direkt vermischen. Sie werden als getrennte Orte und Aufgaben wahrnehmbar, wenngleich es sich um die gleiche Bezugsgruppe der zu betreuenden Kinder handelt. Gleichsam ist anzunehmen, dass die Kinder in einer Vielzahl von Grundschulen einen enormen Bruch vom bisher bekannten überwiegend individuellen, selbstgesteuerten, entdeckenden Lernen hin zu zielgerichteten in zumeist gebundenen Unterrichtsformen stattfindenden Unterricht in gleichgeschalteten Klassen erleben. Der *Ernst des Lebens* hat also begonnen.
Remo Largo stellt ein Modell von Sandra Scarr vor, das von folgenden Annahmen ausgeht:

- *Das Kind ist aktiv: es entwickelt sich aus sich heraus.*
- *Das Kind ist selektiv: es sucht sich diejenigen Erfahrungen, die seinem gegenwärtigen Entwicklungsstand entsprechen.*
- *Das Kind beeinflusst mit seiner Persönlichkeit und seinem Verhalten seine soziale Umgebung, was sich wiederum darauf auswirkt, welche Erfahrungen es machen kann.*[114]

Daraus lassen sich folgende Überlegungen ableiten: Kinder kommen mit Neugier, Offenheit und hoher Lernmotivation in die Schule. Sie besitzen eine hohe Kompetenz für die momentane Eignung des Lerngegenstandes für ihren Entwicklungsprozess, woraus sich ihre Motivation ableitet, sich Lerngegenständen in unterschiedlicher Weise zuzuwenden. Es kommt also darauf an, dass die im Lernprozess des Kindes interagierenden Bezugspersonen Bildung und Erziehung vorrangig vom Kind aus denken. Dafür benötigen sie Erfahrungen und Wissen über Lernprozesse von Kindern und Jugendlichen. Diese These bestätigt auch Hattie, indem er postuliert, die Lehrperson müsse den Lernprozess viel stärker durch die Augen der Lernenden sehen und Lernende sich als ihre eigene Lehrperson wahrnehmen.[115] Die Wirksamkeit dieser Herangehensweise bleibt über den gesamten Zeitraum des Lernens mit Bezugspersonen, auch über die Schule hinaus, bestehen. Allerdings scheint sich in der Zeit der Grundschule besonders wirksam

---

[113] Vgl. SÄCHSISCHES STAATSMINISTERIUM FÜR KULTUS (2011), S.3 f.
[114] Vgl. LARGO, R.H., BEGLINGER, M. (2009), S.93
[115] Vgl. HATTIE, J. (2015), S.281

herauszukristallisieren, welche und wie viel Lernmotivation und Begeisterung Kinder und Jugendliche in den weiterführenden Schulen haben werden.
Mit zunehmendem Lebensalter und sich immer mehr prägender Persönlichkeit verschiebt sich die Bindungsbereitschaft für Bezugspersonen und nimmt in der Pubertät bis hin zum Erwachsenenalter ab. Gleichzeitig wächst die Bindungsbereitschaft zu den Peers. Demnach kommt der Lehrperson in weiterführenden Schulen eine neue Rolle zu, die dieser Entwicklung in gesunder Weise Rechnung trägt.[116]

4.5 Eltern

Einer Studie von Carmen Eschner zufolge, sind die Herausforderungen an Elternschaft deutlich anspruchsvoller geworden. Seit den siebziger Jahren zeigt sich eine explosive Entwicklung der Ratgeberliteratur, die in ihrer Vielfalt Eltern zunehmend zu überfordern scheint. Gleichsam zeigt sich seit 1945 eine intensive Entwicklung weg vom autoritären, Gehorsam einfordernden Erziehungsstil, hin zu demokratischen Erziehungsstilen, die kindliche Bedürfnisse und Entwicklungen in den Mittelpunkt stellen. Im heutigen Erziehungstrend stehen Forderungen nach:

- *Eine wertschätzende Eltern-Kind-Beziehung*
- *Freiräume zur Exploration (Selbstwirksamkeitserfahrungen)*
- *Chancen für Niederlagen (Frustrationstoleranz)*
- *Angebote für Herausforderungen (Ausdauer und Geduld)*
- *Ermutigung des Kindes (Fehlerfreundlichkeit)*
- *Vertrauen und Zuversicht der Eltern (versus Überbehütung)*
- *Elterliche Gelassenheit (versus Perfektion)*
- *Anerkennung und positive Rückmeldungen*
- *Übernahme von Verantwortung: Einforderung von Pflichten*[117]

Diese Herausforderungen scheinen im starken Widerspruch zur für Eltern verfügbaren Zeit zu stehen, die sie gemeinsam mit ihren Kindern verbringen. Gleichsam könnte der Titel „Lernen braucht Persönlichkeit" von Gerhard Roth auch in *Elternsein braucht Persönlichkeit* übersetzt werden. Viele Faktoren des Lernens in schulischen Kontexten sind problemlos auf familiäres Lernen zu übertragen. Dieser Idee entspricht auch die vom dänischen Familientherapeuten Jesper Juul immer wieder postulierte These:

---

[116] Vgl. LARGO, R.H., BEGLINGER, M. (2009), S.101
[117] Vgl. ESCHNER, C. (2017)

„Starke Kinder brauchen klare Eltern", die ihre Elternschaft als liebevolle Führung verstehen, die ihre Kinder in gleichwürdiger Weise auf ihrem Weg zu einer selbstbestimmten, sich ihre Wirksamkeit bewussten, kohärenten, also gesunden Persönlichkeit begleiten.[118] Eltern scheinen hierbei vor einem enormen Zielkonflikt zwischen eigener Entwicklung, den enormen Herausforderungen einer sich dynamisch entwickelnden Arbeits- und Lebensumwelt und eigenen Erfahrungen zu stehen. Es ist anzunehmen, dass vor allem Alleinerziehende im Spagat zwischen beruflichem Engagement und wahrgenommenen Verpflichtungen des Mutter- oder Vaterseins enorm unter Druck stehen, um allen Erwartungen gerecht werden zu können. Die Wirkungen des daraus resultierenden Stress auf den familiären Beziehungskontext sind vorstellbar und gleichsam ungesund für alle Beteiligten (vgl. Ziffer 2.1.3). Dem entsprechen die Wünsche der Jugendlichen in der Shell-Jugendstudie, die sich überwiegend eine gute Vereinbarkeit von Arbeit und Familie (Arbeit muss sich den Verhältnissen anpassen.) wünschen (vgl. Ziffer 3.4).

Der Wunsch Carmen Eschners, dass Eltern angesichts der unüberschaubaren Flut von Erziehungsratgebern lieber wieder mehr ihrem *gesunden Menschenverstand* trauen sollten, erscheint unter diesem Blickwinkel als ein nur schwer umzusetzender Hinweis. Eltern brauchen Unterstützung. Diese kann in einer engen und gleichwürdigen Verknüpfung aller am Entwicklungsprozess der Kinder beteiligten Menschen und Organisationen liegen. Gesunde Entwicklung, Bildung und Erziehung kann nur gelingen, wenn Kindereinrichtungen, Schulen und Eltern eng zusammenarbeiten und gemeinsame Vorstellungen über Entwicklungshorizonte teilen. Interessant scheint in diesem Zusammenhang die Vermutung, dass vor allem die Eltern, die den höchsten Unterstützungsbedarf aufweisen, am wenigsten von bereits bestehenden Entwicklungs- und Unterstützungsangeboten erreicht werden können.

4.6 Zwischenfazit

Die vorangegangenen Analysen lassen den Schluss zu, dass die Komplexität der Einflussfaktoren des schulischen Lernens enorm ist. Gelingende Lernprozesse scheinen nur ganzheitlich und unter Berücksichtigung möglichst vieler Einflussfaktoren möglich. Dies lässt die Hypothese zu, dass gesundes schulisches Lernen nur dann möglich sein kann, wenn es inklusiv in der Hinsicht ist, dass es die im Lern- und

[118] Vgl. JUUL, J. (2008)

Entwicklungsprozess Beteiligten wertschätzend und gleichwürdig einbezieht und beteiligt. Dafür müssen gemeinsame Ziele und Vorstellungen darüber existieren, welche Persönlichkeit sich im Kontext dieses gemeinsamen Handelns entwickeln soll. In diesem Prozess spielen Transparenz, Offenheit, Reflexion und Fehlerfreundlichkeit ebenso eine bedeutende Rolle wie der Wille nach gemeinsamen Wachstum. Schulisches Lernen muss also als agiler Prozess verstanden werden.

5. Gesunde Schule

5.1 Einführung

Dieses Kapitel unternimmt den Versuch, unterschiedliche Faktoren für gelingendes und gesundes Lernen im schulischen Kontext aus verschiedenen Richtungen in den Blick zu nehmen. Dabei wird versucht, in den vorangegangenen Überlegungen gewonnene Erkenntnisse auf das schulische Lernumfeld zu übertragen und in begründeten Thesen zusammenzufassen. Parallel dazu werden gelebte Erfahrungen und Umsetzungsbeispiele aus einer Schule in freier Trägerschaft zugeordnet. Erfahrungen und beschriebene Methoden beziehen sich dabei entweder auf die Schule als Gesamtorganisation oder im Besonderen auf Grundschule und Hort der Freien Werkschule Meißen.

5.2 Die Freie Werkschule Meißen

Die Freie Werkschule Meißen ist eine Schule in freier Trägerschaft und wurde 2001 gegründet. Der Schulträgerverein „Miteinander – Freie Werkschule Meißen e.V." ging aus einer Elterninitiative hervor, die Ende der neunziger Jahre des letzten Jahrhunderts die Idee zur Gründung einer eigenen Schule als Gegenentwurf zur und Ergänzung der vorhandenen Schullandschaft verfolgte. Während der Schulträgerverein als gesetzlicher Träger fungiert und die im Leitbild der Schule verankerten Ziele verantwortet, sind ein pädagogisches Leitungsteam und eine Geschäftsführung für die Sicherung des Schulbetriebes verantwortlich. Die Freie Werkschule Meißen besteht aus einer Grundschule, einer Oberschule und einem beruflichen Gymnasium mit den Zweigen Wirtschaftswissenschaften sowie Gesundheits- und Sozialwesen. Schülerinnen und Schüler können demnach im besten Falle dreizehn Schuljahre gemeinsam an diesem Lernort verbringen. Während die Grundschule jahrgangsgemischte Stammgruppen der Jahrgänge eins bis vier beherbergt, lernen die Schülerinnen und Schüler in der Oberschule und im beruflichen Gymnasium in jahrgangshomogenen Gruppen. Die gesamte Schule ist einzügig mit 32-34 Schülerinnen und Schülern je Jahrgangsstufe aufgebaut, wobei diese in Lerngruppen von etwa 16 Schülerinnen und Schülern lernen. Der Schulhort der Freien Werkschule Meißen ist eng mit der Grundschule verbunden, sodass die Grundschule ein ganztagsschulähnliches Umfeld bereitstellen kann. Die Pädagoginnen und Pädagogen in Grundschule und Hort verstehen sich als ein pädagogisches Team.

5.3 Der organisationale Blick

5.3.1 Schulen müssen lebendige und lernende Organisationen sein

Organisationen werden von Menschen gebildet, um einem gemeinsamen Ziel einen organisatorischen und kulturellen Rahmen zu geben. Die Ideen und Ziele einer Organisation entstehen aus einem vorhandenen gesellschaftlichen Kontext und stehen ständig mit diesem Kontext in Beziehung. Folgen Organisationen der Idee, evolutionäre, lebendige Systeme sein zu wollen, beruhen die Ideen und Ziele der Organisation auf der kollektiven Intelligenz aller im System Beteiligten. Das erfordert zum einen gute Kommunikationsstrukturen und Beteiligungssysteme, zum anderen auch das persönliche Wachstum des Einzelnen, um eine Beteiligungskultur zu entwickeln. Werden Organisationen neu gegründet, können Kultur und Struktur von vornherein so konzipiert werden. Letztlich muss aber jede Organisation bereit sein, sich im permanenten Austausch weiter zu entwickeln. Eine besondere Herausforderung besteht in der Aufgabe, neue Menschen so in der Organisation willkommen zu heißen, dass sie einerseits in die Kultur und Struktur der Organisation eintauchen können und andererseits von Anbeginn das Gefühl der Gestaltbarkeit erleben. Gleichsam ist das Hinzukommen oder Ausscheiden eines Mitglieds der Organisation eine Chance dafür, die eigene Kultur und Struktur zu überprüfen und gegebenenfalls anzupassen.

5.3.2 Schulen benötigen klare Leitziele

Evolutionäre Systeme gehen davon aus, dass in der Zukunft liegende Prozesse nur begrenzt plan- und steuerbar sind. Daher setzen sie auf kollektive Intelligenz und verteilte Autorität. Grundlage derartiger Ansätze ist ein auf wenigen gemeinsamen Leitsätzen beruhender Grundkonsens, der eine gemeinsame Kultur beschreibt. Diese Kultur muss wertschätzend, gleichwürdig, authentisch, offen und fehlerfreundlich sein und bestimmt alle Entwicklungs-, Kommunikations- und Entscheidungsprozesse innerhalb des Systems. Sie beschreibt die grundlegende Haltung der agierenden Mitarbeiterinnen und Mitarbeiter. Das Schulkonzept als pädagogische Handlungsgrundlage wird auf der Basis dieser Leitziele und Kultur entwickelt. Das Konzept wird im Konsent von allen durch das Konzept Betroffenen verabschiedet und stellt keinen starren Handlungsrahmen, sondern eine dynamische Entwicklungsgrundlage dar. Es wird selbst kontinuierlich evaluiert und weiterentwickelt. Wichtig erscheinen auch hier die Transparenz und Kommunikation, konzeptionelle Ansätze in gelebte Kultur zur verwandeln.

5.3.3 Schulen benötigen ein inklusives Verständnis

Wenn die Grundannahme darin besteht, dass die Möglichkeit zu Authentizität, Offenheit und Ganzheit einer jeden im System beteiligten Person ein maßgebliches Merkmal einer gesunden Organisation sind, werden innerhalb der Organisation partizipative Ansätze unerlässlich. Eine jede im System befindliche Person muss die Möglichkeit haben beteiligt zu sein, gesehen zu werden und Rückmeldungen zu ihrem Handeln zu erhalten. Dies betrifft Schülerinnen und Schüler ebenso wie Lehrerinnen und Lehrer, Mitarbeiterinnen und Mitarbeiter und Eltern. Soziokratische Grundkonzepte zur Gestaltung der Organisationsstruktur und -kultur können dabei ein Ansatz sein.

5.3.4 Effekte und Ansätze an der Freien Werkschule Meißen

Bezieht man in das System Freie Werkschule Meißen den Schulträgerverein ein, der sich vornehmlich aus Eltern rekrutiert, muss man von einer Anzahl von etwa 1.000 Menschen ausgehen, die direkt oder indirekt mit der Organisation verbunden sind. Die Schule selbst bietet eine Lern- und Arbeitsumgebung für etwa 410 Schülerinnen und Schüler und etwa 60 Mitarbeitende.
Im Zuge der achtzehnjährigen Entwicklungszeit haben die Schülerinnen und Schüler, Mitarbeitenden und Eltern ein dynamisches Auf und Ab von Entwicklungsprozessen erleben können. Immer wieder schien sich zu zeigen, dass die im Leitbild und Schulkonzept schon sehr früh verankerten Grundthesen nicht immer in gelebte Kultur umgesetzt werden konnten. Als besonders schwierig zeigten sich immer wieder das Verständnis von Rollenverantwortungen, die Gestaltung von Transparenz und Kommunikation und die Diskrepanz von Überforderung im Ehrenamt (Vorstand des Schulträgervereins) und

professionellen Leitungs- und Arbeitsrollen (Lehrerinnen und Lehrer, Leitungsteam). Externe Beratung, Coaching und intensive interne Arbeit in unterschiedlichen Ebenen scheinen nun schrittweise in die unter Ziffer 5.3.1 – 5.3.3 genannten Richtungen zu führen. Als entscheidender Faktor im Organisationsentwicklungsprozess stellt sich die kulturelle Entwicklung der Organisation heraus. Dafür bedarf es Zeit, Geduld, geplante Gelegenheit und Qualität. Interessant ist hierbei, dass die kleinschrittige, ergebnisorientierte Herangehensweise an die Lösung komplexer Aufgabenstellungen (ähnlich der agilen Prozesse) zu mehr wahrnehmbarer Dynamik und Erfolg zu führen scheint. Es ist wichtig, Zwischenschritte zu feiern und zu publizieren.

5.4 Der Mitarbeitendenblick

5.4.1 Eine gelingende Willkommens- und Feedbackkultur als Basis des Miteinander

Möchte sich eine Person zur Mitarbeit in einer Organisation entscheiden, benötigt sie Anhaltspunkte und Entscheidungskriterien. Die Entscheidung für eine neue Arbeitsumgebung kann zu den komplexen Entscheidungen gezählt werden. Im Mittelpunkt der Entscheidung muss daher die Frage stehen, kann ich *meine Vorstellungen, meine Idee* von einer gelingenden, erfüllenden und leistbaren Herausforderung an diesem Ort leben und umsetzen. Voraussetzung für diese Entscheidung sind authentische Einblicke in die Organisation. Dabei muss der organisationale Blick sich umkehren von der prüfenden und bewertenden Haltung: „Passt die Bewerberin/ der Bewerber zu uns?" hin zu: „Was bieten wir Menschen an, die sich mit uns gemeinsam entwickeln wollen und was bringen sie mit, das uns bereichern kann?". Der von Hattie geprägte „Blick durch die Augen der Lernenden" kann hier verwendet werden in der Form, *das Unternehmen durch die Augen des Mitarbeitenden zu sehen.* Diese Herangehensweise ermöglicht von Anfang an den offenen Dialog und eine authentische Feedbackkultur. So wie der Lernende ein authentisches und glaubwürdiges Gegenüber für gesundes Lernen benötigt, benötigen Mitarbeitende dies in Form von Kolleginnen, Kollegen und Leitungspersonen. Grundlage des gemeinsamen Arbeitens ist letztlich die Tatsache, sich füreinander entschieden zu haben. Daher müssen in den Entscheidungsprozess die Beteiligten einbezogen sein. Zu einer gesunden Feedbackkultur gehören Zeit, Authentizität, Offenheit und Wertschätzung und auch Gelegenheiten für diesen Austausch. Dafür müssen geeignete und möglicherweise auch ritualisierte oder geplante Formen gefunden werden. Vom Einzelnen verlangt diese Kultur, sich immer wieder auf die Frage „Was will ich hier?"

einzulassen und offen darüber in Austausch zu treten. Diese Betrachtungsweise sichert Rückschlüsse auf eigene Wirksamkeit und Kohärenz. Hattie empfiehlt in seinem Werk „Visible learning for teachers“, dass Lehrpersonen auf der Basis der Erlebnisse mit Lernenden empirische Belege *„über ihren Erfolg als Change-Agenten, über ihr Vermögen, Lernende zu inspirieren; und darüber, wie sie ihre Leidenschaft mit den Lernenden teilen können.“*[119]

5.4.2 Aufgabenprofile als Grundlage von Leidenschaft und Inspiration

Hattie plädiert für *leidenschaftliche und inspirierte Lehrpersonen* als wichtigstes Merkmal innerhalb einer Schule.[120] Eine Lehrperson kann dann leidenschaftlich und inspiriert handeln, wenn sie den entsprechenden Rahmen vorfindet und die personellen und fachlichen Voraussetzungen dafür mitbringt. Die Passung von Rahmen und persönlichen Voraussetzungen und Zielen kann in einem individuellen Aufgabenprofil abgebildet werden. Dieses Profil beschreibt nicht nur die mit der Rolle verbundenen Aufgaben, sondern nimmt Bezug auf individuelle Kompetenzen und Ziele, die die Lehrperson mit ihrem Aufgabenbereich verbindet. Organisation und Lehrperson können sich bei der Ausgestaltung der Rahmen auf der Basis der bestehenden Schulkultur nähern, d.h. die individuelle Lehrperson prägt den Rahmen und nimmt gleichzeitig auf den Rahmen Bezug. So können Arbeits- und Lebensumfelder entstehen, die den Konsent über die Schulkultur und die individuellen Fähigkeiten, Ziele und Kompetenzen verbinden. Aufgabenprofile sind Entwicklungsprofile und Grundlage von Feedbackgesprächen zwischen Leitung und Mitarbeitenden. Sie wachsen und entwickeln sich mit den Erfahrungen im Prozess.

5.4.3 Teamgeist und kollektives Wissen meistern komplexe Herausforderungen

„Professionalität an Schulen wird dadurch erreicht, dass Lehrpersonen und Schulleitende zusammenarbeiten,“ um das gemeinsame Ziel einer auf die Lernenden orientierten Pädagogik zu erreichen.[121] Standardbild des Lehrenden an Schulen ist das vom „Einzelkämpfer“, der hinter geschlossenen Türen seinen Unterricht in Klassen mit mehr als 30 Lernenden abhält. Aus Ziffer 4.1 – 4.3 geht die Komplexität der Anforderungen

---

[119] Vgl. HATTIE, J. (2014), S.160
[120] Vgl. HATTIE, J. (2014), S.26
[121] Ebd. S.36

des schulischen Alltages hervor, die von einer Einzelperson kaum mit Excellenz bewältigt werden kann. Laut Hattie ist einer der größten Erfolgsfaktoren für das *Lernen der Lehrpersonen* der Austausch. Sie planen gemeinsam und tauschen sich über Effekte gelingenden und gesunden Lernens aus, sie sprechen darüber, was es heißt, gut beim Lernen zu sein und entwickeln gemeinsame Konzepte. Dabei lernen sie aus der kollektiven Intelligenz heraus und wertschätzen den Gegenüber als Partner, der mindestens genauso viel weiß, wie sie selbst. Ähnlich der Vorgehensweise bei SCRUM (vgl. Ziffer 3.3.2) werden aus der Komplexität aller Aufgaben Einzelaufgaben identifiziert. Das Expertenteam erarbeitet Lösungsansätze und Vorschläge für das weitere Vorgehen, dabei sind sich die Agierenden bewusst, dass es keine ultimativen Lösungen gibt. Die Experten übernehmen ihre Aufgaben, verantworten und bearbeiten sie. Die Atmosphäre ist offen für Zusammenarbeit und Unterstützung. Am Ende des Prozesses steht der Rückblick, die Evaluation, die den Erfolg feiert und den Fehler begrüßt und zum weiteren Ausgangspunkt des erneuten Handelns macht. Möglicherweise werden einzelne Teammitglieder mit der Aufgabe des jeweiligen PoductOwners betraut. Sie sind verantwortlich für das BackLog. Den Leitungspersonen kann die Aufgabe des ScrumMasters zukommen. Sie fungieren als Coach des Entwicklungsprozesses.
Die Befreiung des Einzelnen aus der Isolation des „Einzelkämpfertums“ ermöglicht das Hervortreten, die Würdigung und die Entwicklung individueller Kompetenzen. Es wird möglich, seiner eigenen Wirksamkeit gewahr zu werden. Der gleichwürdige Austausch im Team inspiriert die individuelle Entwicklung der Persönlichkeit.

5.4.4 Teamteaching an der Grundschule der Freien Werkschule Meißen

Die Idee des gemeinsamen Lernens und Lehrens ist seit Gründung der Schule konzeptioneller Bestandteil. Die Art und Weise der Umsetzung des Gedankens wandelte sich im Laufe der Jahre des Bestehens und zeigte sich stark von der Persönlichkeit und Grundhaltung der agierenden Persönlichkeiten abhängig. Die Etablierung einer wirksamen und vertrauensvollen Kultur des Miteinanders benötigte Zeit. Die pädagogische Arbeit der Grundschule ist heute geprägt durch:

- Stammgruppenteams, bestehend aus jeweils drei Pädagoginnen und Pädagogen (inklusive Hort), die mit einer jahrgangsgemischten Stammgruppe von ungefähr 32 Schülerinnen und Schülern gemeinsam lernen und sich täglich zur aktuellen gemeinsamen Situation austauschen und entsprechend interaktiv entscheiden und handeln.

- Geplante wöchentliche Beratungen der Stammgruppenteams zur Evaluation und Planung der gemeinsamen Arbeit
- Regelmäßige, geplante gemeinsame Beratungen (aller 3 Wochen) aller Lehrpersonen der Stammgruppen zum gegenseitigen Austausch und zur Weiterentwicklung
- Regelmäßige Beratungen und Supervision (aller 4 Wochen) des Gesamtteams von Grundschule und Hort
- Regelmäßige Weiterbildungen und Klausuren des Gesamtteams der Grundschule (2x im Jahr)
- Geplante Vor- und Nachbereitungstage nach Ende und vor dem Anfang des Schuljahres
- Regelmäßige geplante kollegiale Hospitationen mit Feedbackgesprächen in den anderen Stammgruppen

Im Rahmen der Stammgruppen ist jede Kollegin oder jeder Kollege des Stammgruppenteams gleichberechtigter Ansprechpartner für die Lernenden und für die Eltern. Aufgabenteilungen aufgrund fachlicher Expertise sind möglich und sinnvoll.

5.5 Der Lernendenblick

5.5.1 Beziehung und Wohlbefinden als Grundvoraussetzung schulischen Lernens

Der Raum als dritter Pädagoge – diese These wurde von dem italienischen Pädagogen und Begründer der Reggio-Pädagogik Loris Malaguzzi geprägt. Es scheint, als würde die These oftmals in der Richtung missverstanden, dass die Architektur des Klassenraumes direkten Einfluss auf das Lernen habe. Vielmehr scheint es um den Lernraum als Lebensraum zu gehen, der vielmehr die Kultur als die Struktur, also das Klima des Miteinanders in den Vordergrund stellt. Laut Hatti haben die Einflüsse innerhalb der Lerngruppe eine signifikante Auswirkung auf das Lernen. Dazu gehören der Gruppenzusammenhalt *(das Gefühl, dass alle – Lehrpersonen und Lernende gemeinsam für positive Lernerfolge arbeiten)*, die Beeinflussung des Lernverhaltens und die Reduzierung von Störungen (bedingt durch eine aktive Führungsrolle der Lehrperson) und die Einflüsse durch Peers (der Einfluss von sozialen Verbindungen in Form von Freundschaften und Patenschaften).[122] Den Lehrpersonen aber auch der Gruppe kommen in diesem Zusammenhang wichtige Rollen zu: die Lehrperson, als *Chef des Settings*, der die Grundthesen einer lernförderlichen und gesunden Kultur als *Grundintervention* immer wieder in die Gruppe bringt und die Lerngruppe, die partizipierend bei der Gestaltung einer gemeinsamen Kultur und Atmosphäre einbezogen ist. Dabei kann es auch darum gehen, den

[122] Vgl. HATTIE, J. (2015), S.121 ff.

vorhandenen physischen Lernraum gemeinsam so zu gestalten, dass er dem Anliegen einer förderlichen und gesunden Lernkultur dient. Dem Postulat „Störungen haben Vorrang“ von Ruth Cohn folgend, ist die vorhandene Lernumgebung und -kultur in der Lage, Störungen, die Lernende in das Lernsetting mitbringen, aufzunehmen und zu integrieren. Negative emotionale Stimmungen (Stress) können so aufgenommen werden und Raum zur Würdigung und Bearbeitung finden, um den Weg für motiviertes Lernen frei zu machen. Der Rolle von Peers kommt dabei vor allem in jahrgangsgemischten Settings eine entscheidende Wirkung zu.

5.5.2 Glaubwürdigkeit und Authentizität als Grundbaustein der Beziehung

Wenn die Lehrperson *Regisseur und Evaluator* des Lerngeschehens sein soll, kann er diese Rolle nur erfüllen, wenn sein Handeln glaubwürdig und authentisch ist. Seine Haltung und Persönlichkeit drücken sich dabei sowohl in seiner nonverbalen Kommunikation als auch in seinem konkreten Handeln aus (vgl. Ziffer 2.4). Hatti fordert dazu: *„Das Klima in der Klasse, evaluiert aus der Perspektive der Schülerinnen und Schüler, wird als fair angesehen: Schülerinnen und Schüler fühlen, dass es in Ordnung ist zu sagen 'Das weiß ich nicht.' oder 'Ich brauche Hilfe!'; es gibt ein hohes Maß an Vertrauen, und die Schülerinnen und Schüler glauben, dass ihnen zugehört wird; und sie wissen, dass der Zweck der Klasse das Lernen und das Erzielen von Fortschritten ist.“*[123]
Die Lehrperson ist dafür verantwortlich, eine Umgebung und Kultur zu etablieren, die dem Lernenden die Erfahrung ermöglicht, in der Lerngruppe anerkannt zu sein. Dies erfordert Fähigkeiten wie Empathie, Fürsorge und eine positive Einstellung gegenüber anderen. Aus diesem Ansatz heraus zeigt sich die Wichtigkeit der unter Ziffer 5.4.1 und 5.4.2 beschriebenen personalen Kompetenzen der Lehrperson. Schlussendlich ist abzuleiten: Eine Lehrperson kann dann den Erwartungen an Klarheit, Offenheit, Authentizität und Glaubwürdigkeit am besten gerecht werden, wenn sich selbige im kollegialen Gefüge der Organisation widerspiegeln.
Gleichwohl sind Authentizität, Vertrauen, Offenheit und Wertschätzung keine einseitige Haltung der Lehrperson. Ziel ist es, diese Grundsätze und Werte als gemeinsame Kultur zu entwickeln, etablieren und immer wieder einzufordern, damit sie als gelebte Erfahrung in das Persönlichkeitsrepertoire eines jeden Lernenden einfließen können.

[123] Vgl. HATTIE, J. (2014), S.78

5.5.3 Struktur und Klarheit als Grundlage motivierten Lernens

Laut Hattie sind Lehrpersonen adaptive Lernexperten. *„Sie wissen, wo sich Schülerinnen und Schüler auf dem Weg vom Novizen zum Experten befinden, wann sie lernen und wann nicht und wohin es als nächstes geht."*[124] Gleichzeitig vertrauen sie den Schülerinnen und Schülerinnen in diesen Fähigkeiten und leiten sie an, ihren individuellen Lernweg zu finden. Gemeinsam mit den Schülerinnen und Schülern finden sie die für sie oder Kleingruppen passenden Lernsettings, Materialien, Methoden. Auf Grundlage von Feedback planen und gestalten sie gemeinsam Lernprozesse. Dabei achten sie darauf, dass die bearbeiteten Herausforderungen optimal zum Leistungsprofil des Lernenden passen. Die Schülerinnen und Schüler können somit auf der Basis von Vertrauen in die Lehrperson Vertrauen in die eigene Selbstwirksamkeit entwickeln. Sie machen immer wieder die Erfahrung, selbst entwickelte Ziele selbst erreicht zu haben. Dieses positive Empfinden begründet die Motivation, sich neuen Herausforderungen zuzuwenden.

5.5.4 Anschlussfähige Inhalte steigern die Aufmerksamkeit und Motivation

Lernende in einer Gruppe sind divers. Insofern sind Interessen, Wissen und Kompetenzen divers. Somit wird es erforderlich, dass der Lernende *seinen Zugang* zur Lernherausforderung finden kann. Je mehr Ankerpunkte das *Neue* im vorhandenen Gedächtnis findet, desto höher sind die Aufmerksamkeit und die Motivation, sich damit in Beziehung zu setzen. Der Lehrperson obliegt es, die Lernenden beim Auffinden ihres persönlichen Zugangs zum Lerninhalt zu unterstützen. Aufmerksamkeit ist abhängig von der Begrenztheit des Arbeitsgedächtnisses. Idealerweise stellt sich der Lehrende auf diese Tatsache ein und bereitet Lerninhalte in geeigneter Weise auf. Kleinschrittigkeit und Verstehen im Sinne von „Zusammenhänge begreifen", sind die Geheimnisse motivierten Lernens und Behaltens.

Anschlussfähigkeit entsteht durch Vernetzung. Fachübergreifende Ansätze ermöglichen es, den Lerngegenstand in Beziehung mit vorhandenen Erfahrungen zu setzen. Es entsteht Lebensnähe.

5.5.5 Zeit als Grundlage von Fokussierung und Flow

[124] Vgl. HATTIE, J. (2014), S.113

Hat ein Lernender oder eine Lerngruppe die Aufmerksamkeit auf eine Lernherausforderung gelenkt und sich quasi für sie entschieden, ist ausreichend Zeit erforderlich, sich der Bearbeitung des Themas zu widmen. Störungen oder Abbrüche im Lernprozess wirken sich demotivierend, energieverzehrend und störend aus. Idealerweise hat der Lernende ausreichend Zeit, seinen Lernweg in seinem Tempo zu beschreiten. Der Lehrperson kommt die Aufgabe zu, ihm diesen Prozess zu ermöglichen.
Zeit kann in Lern- und Schaffensprozessen auch als motivierender und kreativer Verstärker fungieren (sanfter Stress). Dinge in einer selbst gewählten und vereinbarten Zeit zu bearbeiten, ermöglichen eine Zielfokussierung, die motivierend sein kann und dem Lernenden nach und nach ein eigenes Zeitgefühl vermittelt. Gleichzeitig kann Zeitdruck zu enormen Stress führen, der Lernprozesse negativ beeinflusst, bis komplett blockiert. (vgl. Ziffer 2.1.4) Getaktete Unterrichtsstrukturen, die im 45-Minuten-Takt von einem Fach zum andern hetzen, lassen keine Zeit für gesundes und hirngerechtes Lernen.

5.5.6 Wiederholung und Methodenmix als Basis tiefgreifenden Lernens

Hatti formuliert: *„Lehrpersonen wählen Unterrichtsmethoden als letzten Schritt im Prozess der Unterrichtsplanung und evaluieren diese Wahl im Sinne ihrer Auswirkungen auf die Schülerinnen und Schüler. "*[125] Laut der Studie erweisen sich Akzeleration (Die Lernenden durchlaufen die Curricula in ihrem, schnelleren Tempo.) , reziprokes Lehren (Einsatz kognitiver Strategien wie Zusammenfassen, Fragen stellen, Klären, Voraussagen), lautes Denken (als eine Form der Selbstregulierung) und Problemlösen (vom Identifizieren des Problems zur Lösung als kooperative Lernform) als die Topmethoden mit dem größten Einflussfaktor auf das Lernen. Dennoch ist nicht davon auszugehen, dass es die Methode für den Lernenden geben könnte. Es empfiehlt sich daher multiple Strategien einzusetzen und die im Erfahrungsschutz der Lehrenden und Lernenden vorhandenen Methoden wirksam als Methodenmix einzusetzen. Auswahl geeigneter Methoden und Feedback stehen in einem untrennbaren Zusammenhang.
Variantenreiche Wiederholung von Lerninhalten führt zu einer immer festeren Verankerung selbiger im Langzeitgedächtnis. Dabei beschleunigt die Anzahl der Bezüge oder Zugänge zum Lerninhalt die Zugriffsgeschwindigkeit und Verfügbarkeit. Inhalts- also fächerübergreifende Wiederholungen und neue Verknüpfungsvarianten- und erfahrungen steigern das Selbstwirksamkeitsempfinden des Lernenden. Präsentationen und

[125] Vgl. HATTIE, J. (2014), S.94

Darbietungen der Lernenden für Andere beinhalten neben dem Wiederholungseffekt die zufriedenheitsstiftende und motivierende Möglichkeit des wertschätzenden Feedbacks.

5.5.7 Feedback und Wertschätzung als Orientierung und Motivation

Die wertschätzende, empathische und gleichwürdige Rückmeldung der Wahrnehmung eines Lernprozesses zwischen Lehrenden und Lernen ist nach Hattie eine wesentliche Einflussgröße gesunder und gelingender Lernprozesse.[126] Sie geben Lernenden und Lehrenden die Möglichkeit, den eigenen Anteil am Lernprozess zu reflektieren und zu entwickeln. Rückmeldung im Lernprozess soll sich in vier Ebenen vollziehen: Aufgabe, Prozess, Selbstregulation und das Selbst im Lernprozess. Dabei gilt es, drei Feedbackfragen zu behandeln: Wohin gehe ich – was sind meine Ziele? Wie komme ich voran? Wohin geht es als nächstes? Dabei ist erforderlich, dass sich der Lehrende selbst über die Ziele im Klaren ist, deren Erfüllung er erwartet und sie ebenso klar formuliert. Feedback im Prozess sollen sich auf den Prozess beziehen und nicht bereits erreichte Inhalte korrigieren oder kritisieren. Das Feedback zum nächsten Schritt lenkt auf die eigenen Fähigkeiten. Feedback auf der Ebene des *Selbst* wird als Lob subsumiert.
Es erscheint wichtig, dass Wertschätzung und Gleichwürdigkeit beim Feedback sich auch in der Form der Feedbackbotschaft ausdrücken. Der Feedbackgeber formuliert seine Wahrnehmung und stellt sie klar zur Verfügung. Es finden keine Zuweisungen oder Zuschreibungen statt. Das macht Lob oder Kritik zu einer Jacke, die der Empfänger sich anziehen kann. Dies setzt voraus, dass Lehrende und Lernende sich darüber verständigt haben, dass Feedback der Weiterentwicklung dient. Die Glaubwürdigkeit des Feedbackgebers ist hierbei von entscheidender Bedeutung.
Gleichsam wichtig wie das Feedback der Lehrpersonen gegenüber den Lernenden ist das Feedback der Lernenden an die Lehrperson und an andere Lernende, d.h. die gemeinsame Kultur lässt Feedback in alle Richtungen zu und fordert sie in allen Richtungen ein.

5.5.8 Erreichte Ziele gemeinsam zu feiern stärkt Gemeinschaft und Einzelne

Projekte bedürfen klarer Ziele und eines Rahmens. Versteht man eine Lernaufgabe als Mikroprojekt, gelten dafür die gleichen Regeln. Ziele und zeitliche Rahmen geben

[126] Vgl. HATTIE, J. (2014), S.130 ff.

innerhalb des Projektverlaufes eine klare Struktur und Orientierung. Feedback im Prozessverlauf hilft, auf dem richtigen Weg zum Ziel zu bleiben. Ist das Ziel erreicht, muss es gefeiert und als Eintrag auf der eigenen Lebenslandkarte verbucht werden. Auf Erreichtes stolz zu sein und Selbsterreichtes zu feiern, stärken die Motivation für den weiteren Weg.

5.5.9 Lernen in der Grundschule der Freien Werkschule Meißen

Das Lernen in der Grundschule umfassend zu beschreiben, würde den Rahmen dieser Arbeit sprengen. Daher werden hier überblicksweise einige Kernbereiche des Lernens beschrieben, die im Zusammenhang mit den vorangehenden Thesen stehen.

Jahrgangsgemischte Stammgruppen

Die Kinder der Grundschule lernen in vier jahrgangsgemischten Gruppen, die sich aus jeweils acht Schülerinnen und Schülern der Jahrgänge eins bis vier zusammensetzen. Die Kinder werden dabei von jeweils zwei Lehrerinnen oder Lehrern und einer Erzieherin begleitet. Jedes Jahr werden in jeder Stammgruppe acht Kinder der ersten Jahrgangsstufe aufgenommen, während acht Kinder als Absolventen die Grundschule verlassen, um die Oberschule der Freien Werkschule Meißen zu besuchen. Dieser jährliche Wechsel birgt die Möglichkeit, das Schuljahr als Stammgruppe in den letzten Wochen gemeinsam zu reflektieren und zu evaluieren und zu Beginn des neuen Schuljahres die Novizen in der Stammgruppe zu begrüßen und gemeinsam die Stammgruppenkultur weiter zu entwickeln. Dazu dienen die ersten Schulwochen. Die Erfahrungen zeigen, wie wichtig das Ankommen in der Gruppe, das Einlassen auf die neue Kultur für die Jüngsten ist. Gleichsam zeigt sich, dass die tragenden Kulturelemente durch Peers problemlos und wertschätzend weitervermittelt werden. Patenschaften verhelfen den Jüngsten zum schnellen Einstieg in die Gruppe, während Ältere Regeln und Absprachen der Kultur reflektieren und repetieren.

Tragendes Element der Stammgruppenkommunikation ist der Gesprächskreis, der jeden Morgen den Tag nach einer Ankommensphase eröffnet und zum Mittag schließt. Die Kreise werden von den Kindern geleitet. Die Lehrenden sind gleichwürdige Teilnehmer im Kreis.

Wochenstruktur

Die Schulwoche besteht aus mindestens drei sogenannten Kernunterrichtstagen, die die Kinder ausschließlich im Kontext der Stammgruppen verbringen. Zwei Fachtage ermöglichen kompetenzorientiertes Lernen in den Bereichen Englisch, Musik, Sport und Religion. Um eine möglichst geringe Zahl von Bezugspersonen sicherzustellen, werden Fachunterrichte nach Möglichkeit von den Lehrerinnen und Lehrern der Stammgruppen verantwortet. Handwerkliche, musische und künstlerisch-kreative Angebote füllen die Nachmittage als sogenannte Kursangebote, die die Kinder in freier Wahl belegen.

Tagesverlauf Kerntag

Die Kernunterrichtstage bestehen aus vier von Pausen unterbrochenen Lernzeiten. Diese können beliebig vom Stammgruppenteam gestaltet werden. Der Tag beginnt mit einer Ankommens- und Arbeitszeit. Hier besteht die Möglichkeit, gemeinsam mit den Erwachsenen den Tag in der Stammgruppe zu beginnen, Erlebnisse und Befindlichkeiten zu besprechen, Arbeiten vom Vortag zu beenden. Die Morgenkreise sind von Ritualen geprägt. Es wird gesungen, Geburtstage werden gefeiert, Aufgaben und Tagesprogramm besprochen, Rückmeldungen gegeben, Erlebnisse und Erfahrungen von zu Hause berichtet. Die Arbeitszeiten können methodisch und inhaltlich frei gestaltet und verknüpft werden. Dadurch ergeben sich flexible Lern- und Arbeitszeiten, um Themen kontinuierlich bearbeiten zu können.

Der Abschlusskreis bietet Raum für Präsentationen, Feedback und Abschluss. Gleichzeitig können Themen für den Folgetag in den Blick genommen werden.

Lernsetting und inhaltliche Orientierung

Die Planung dafür geschieht im Stammgruppenteam, ausgehend von einer Jahresplanung. In einer eintägigen Teamklausur in den Sommerferien erdenkt das Stammgruppenteam eine thematische Ausrichtung des Schuljahres. Diese Planungssitzung ist durch Visionen, Wünsche, große Ideen und Freude am Konzipieren geprägt und geht zunächst nur vom Inhalt und von groben Umsetzungsideen aus. Es wird überlegt, welche Experten, Unterstützer oder Orte einbezogen werden können. Große „Überschriften“ strukturieren das Schuljahr in Epochen. Die Epochen werden im Jahresverlauf thematisch und fächerverbindend gefüllt, sodass Lehrplaninhalte sinnvoll eingebunden und verbunden werden können. Das Jahresthema und die Jahresstruktur und die dahinter liegenden Leitideen werden auch mit den Eltern geteilt, nachdem sie in der Stammgruppe publiziert wurden. Um das Jahresthema in der Stammgruppe zu initiieren, werden unterschiedliche Ansätze wie Schauspiel, Musik, Identifikationsgegenstände eingesetzt. Letztlich geht es bei der inhaltlichen Grobplanung um ein Themengerüst, das die Kinder der Stammgruppe anspricht und zu eigenen Themen und Interessen führt.

Die Lernsettings in den Kernunterrichtstagen werden genutzt, um Themenbereiche gemeinsam zu eröffnen, eigene Themen daraus zu generieren, diese zu qualifizieren und zu bearbeiten und letztlich als Präsentation der Gruppe wieder zur Verfügung zu stellen. Um einen Themenbereich zu eröffnen, wird zumeist in Brainstormingrunden in Kleingruppen gestartet, um darüber zu sprechen, was die Kinder bereits mit dem Thema verknüpfen. Gleichzeitig entsteht eine Sammlung möglicher interessanter Forschungsthemen und -fragestellungen. Dieser Pool wird in der Gesamtgruppe geteilt und als Basis eigener Themen genutzt. Die Kinder arbeiten dann an den von ihnen gewählten Themen. Dabei wählen sie Ort, Zeitraum, Umfang und Sozialform ihrer Aufgabe selbst und werden dabei von den Lehrenden unterstützt. Ziel ist es immer, am Ende einer Epoche eigene Erkenntnisse in einer Präsentationsform für die Anderen darzubieten.

Neben der freien Themenwahl, bei deren Bearbeitung viele Kompetenzbereiche der Grundschule gestreift werden, gibt es Schwerpunktthemen, die als eine Art *Basics* als Kompetenz erworben werden müssen. Diese Themenbereiche werden zum Teil instruktiv in unterschiedlichen Sozialformen dargeboten oder in angebotenen Lehrgängen individuell und von Lehrpersonen begleitet bearbeitet. Erlangte Kompetenzen müssen in Form von Kompetenznachweisen als erworben unter Beweis gestellt werden. Als Kompetenznachweis können individuelle Vorträge ebenso genutzt werden, wie gemeinsame Tests oder Gespräche. In der Regel wählen die Lernenden den Zeitpunkt für die Komptenznachweise selbst. Im Einzelfall werden gemeinsame Absprachen getroffen oder Termine gesetzt.

Kompetenzraster, Portfolio und Feedback

In einem Zeitraum von etwa zwei Jahren haben die Lehrerinnen und Lehrer gemeinsam sämtliche Lehrplaninhalte der Grundschule in Form eines Kompetenzrasters zusammengestellt. Ziel war es dabei, alle Lerninhalte kompetenzorientiert, in drei Niveaustufen nach Lernbereichen und Fachbereichen sortiert, bereitzustellen. Die Formulierung der zu erreichenden Kompetenzen ist in einer kindgerechten Sprache verfasst. (z.B. Ich kann im Bereich bis 20 Zahlen addieren und subtrahieren.) Die Kompetenzraster werden den Kindern in Verbindung mit ihrem Portfolio in Obhut gegeben. Das Portfolio gilt als *Schatzkiste* erreichter Ziele und Kompetenzen. Im Portfolio werden alle für die Kinder wichtigen Erfahrungen, erreichte Ziele oder Kompetenzen in Wort und Bild dokumentiert. Für das Führen des Portfolios sind die Kinder selbst verantwortlich. Alle Feedbackgespräche werden allerdings auf der Basis der Portfolios und Kompetenzraster geführt. Nach und nach hat sich eine Kultur der Selbsttätigkeit hinsichtlich des Portfolios etabliert. Die Kinder tragen mit Stolz Lernerfolge in Kompetenzraster und Portfolio ein und freuen sich an dem täglich wachsenden Schatz bildlich gewordener Erfahrungen.

Die offene Arbeitsweise im Stammgruppenteam ermöglicht es, verschiedene Gruppen- und Lernsettings zu etablieren und beinhaltet täglich Zeit für individuelle Interaktion und kurze Feedbacks. Dabei sind alle Erwachsene des Teams gleichwertige Ansprechpartner für die Lernenden. In regelmäßigen Zielvereinbarungsgesprächen werden kurzfristige Ziele für die kommenden Wochen festgelegt. In den Halbjahresgesprächen laden die Kinder ihre Eltern zu einer halbstündigen Präsentation und Feier ihrer Lernerfolge ein. Dazu wählen sich die Kinder einen Stammgruppenpädagogen als Moderator des Gesprächs. Die Gespräche werden auf der Basis der Portfolios und Kompetenzraster geführt. Die Halbjahresgespräche dienen auch der Erarbeitung von Zielen für das kommende Halbjahr. Die Ergebnisse des Halbjahresgespräches werden in einem Halbjahresbrief an die Kinder dokumentiert. Am Schuljahresende erhalten die Kinder einen Jahresbrief, der ein Feedback über erreichte Lernleistungen und die durch die Lehrerinnen und Lehrer wahrgenommene Entwicklung enthält. Die Briefe richten sich direkt an das Kind und sind keine Beurteilungen oder Zuweisungen.

Integration und Inklusion

Seit Beginn ihres Bestehens ist die Grundschule der Freien Werkschule Meißen offen für Kinder mit besonderem Förder- und Unterstützungsbedarf. Die Integration dieser Kinder erfolgt im Rahmen der zur Verfügung stehenden Möglichkeiten und Handlungsrahmen unter Einbeziehung von Integrationspädagogen und Lernbegleitern. Gleichsam stellen sich besondere Förderbedarfe oft erst im Laufe der Grundschulzeit heraus. Um diesen Bedürfnissen gerecht zu werden, unterstützen sogenannte *Inklusionsassistentinnen* die Kinder und Stammgruppenteams direkt und unmittelbar in den Stammgruppen. Diese sehr wirksame und niederschwellige Unterstützungs- und Fördermethode hilft auch Kindern in plötzlichen Krisensituationen oder bei temporären Lernschwierigkeiten zu freudvollem und zielgerichteten Lernen.

Evaluation

Im Rahmen eines fünfjährigen Förderprogramms zum Thema „Inklusion“ an der Grundschule der Freien Werkschule Meißen kann das Projekt „Inklusionsassistenz“ betrieben werden. Ergebnis des Projektes ist auch eine umfassende Dokumentation und Evaluation der Maßnahmen im Rahmen des Projektes. Teil der Evaluation war eine Befragung der Schülerinnen und Schüler aller Jahrgangsstufen zur Lernkultur in ihrer Schule. Der verwendete Frageansatz stammt aus dem *„Index für Inklusion – Lernen und Teilhabe an der Schule der Vielfalt entwickeln.“*. Dieses Werk versucht, eine Verbindung von Lernprozessen und dem Leitbild einer *inklusiven Schule für alle* herzustellen und liefert Materialien und Handlungsanweisungen für einen Weg in selbige.[127]

Die Befragung der Schülerinnen und Schüler erfolgte in den letzten Wochen des Schuljahres. Die Anzahl der befragten Schülerinnen und Schüler lag bei n=113. Die Befragung wurde an verschiedenen Tagen in den Stammgruppen anonym durchgeführt. Während die jüngeren Kinder Unterstützung beim Lesen und Interpretieren der Fragen erhielten, füllten die Kinder der Jahrgänge drei und vier die Fragebögen selbstständig aus. Im Anhang dieser Arbeit sind einige Ergebnisse der Befragung auszugsweise dargestellt. Im Datenmaterial zeigen sich Unterschiede in der Beurteilung der Fragestellungen nach Jahrgangsstufen. Eine detaillierte Auswertung des Datenmaterials würde den Rahmen dieser Arbeit allerdings überfordern. Aus den im Anhang befindlichen Daten ist zu entnehmen, dass sich der überwiegende Teil der Schülerinnen und Schüler in der Schule willkommen fühlt und glaubt, dass ihre Eltern die Schule gut finden. Sie erleben die Lehrerinnen und Lehrer als gleichwürdige Unterstützer, die versuchen, die Kinder gleichberechtigt zu behandeln und die Schule als Ort zu gestalten, an dem die Kinder gerne lernen. Die Kinder fühlen sich überwiegend ernst genommen und glauben, auch in schwierigen Situationen immer einen Erwachsenen zu finden, der sie unterstützen kann. Interessant scheint, dass nur etwa die Hälfte der Schülerinnen und Schüler angibt, klar zu wissen, was im Unterricht als nächstes bearbeitet wird und wie eventuelle eigenständige (Haus-)Aufgaben zu bewerkstelligen sind. Auch hinsichtlich gemeinsamer kultureller Fragen und Regeln zeigen sich noch Arbeitsfelder zur Weiterentwicklung. Die Ergebnisse der Befragung werden im Kreis der Lehrerinnen und Lehrer der Grundschule bearbeitet und evaluiert. Sie bilden die Grundlage für die weitere Arbeit mit den Schülerinnen und Schülern im kommenden Schuljahr. Im Sinne der Transparenz

[127] Vgl. BOTH, T., AINSCOW, M. (2003), S.99 f.

werden die Ergebnisse der Befragung auch in der Elternschaft präsentiert. Es ist geplant, im Rahmen der schrittweisen Umsetzung der Empfehlungen des Index für Inklusion, auch die Evaluation der Haltungen und Wahrnehmung von Pädagoginnen und Pädagogen, aber auch Eltern im Rahmen von Befragungen in den Blick zu nehmen.

5.6 Der Elternblick

Eltern sind die wichtigsten Beziehungspartner in der Entwicklung ihrer Kinder während der Schulzeit. Wenngleich die gemeinsam verbrachte Zeit von Kindern und Eltern in verschiedenen Familien unterschiedlich ist (vgl. Ziffer 4.4), ändert das in der Regel nichts an der tiefen Verbindung zwischen Kindern und Eltern. Mit Kindergarten- und Schulzeit treten weitere Beziehungspartner in das Leben der Kinder und begleiten sie in verschiedenen Lebenskontexten. Für die schulische Entwicklung ist es unerlässlich, dass Lehrende, Kinder und Eltern in eine partnerschaftliche Beziehung treten. Eltern vertrauen ihre Kinder täglich meist mehr als sieben Stunden der Schule an und übergeben den Lehrenden und Erziehern eine wesentliche Verantwortung für die Entwicklung ihrer Kinder. Dazu bedarf es Vertrauen in das pädagogische Handeln der Schule. In umgekehrter Richtung benötigen auch die Lehrerinnen und Lehrer das Vertrauen in die Eltern, dass ihre pädagogische Grundhaltung und ihr grundlegendes pädagogisches Handeln von den Eltern verstanden, akzeptiert und gewollt sind und im eigenen elterlichen Handeln eine Fortsetzung finden. Authentizität, Offenheit, Glaubwürdigkeit und Transparenz sind hierbei von ausschlaggebender Wichtigkeit. Um die Kinder in ihrer Entwicklung bestmöglich unterstützen zu können, müssen Eltern und Lehrerinnen und Lehrer zusammenarbeiten. Dabei müssen die Reichweite und die Rollen des eigenen Handelns klar sein und gleichwürdig und wertschätzend behandelt werden. Eltern haben das Wohlergehen ihres Kindes im Blick, Lehrerinnen und Lehrer das Wohlergehen einer ganzen Gruppe von Kindern. Schulischer und häuslicher Kontext sind unterschiedliche Erfahrungsfelder, die den Kindern unterschiedliche Möglichkeiten des Lernens und der Entwicklung bereitstellen. Es scheint wichtig, die Schule nicht als einzigen Lernraum wahrzunehmen, sondern sie besser als einen wichtigen Erfahrungs- und Entwicklungsort unter verschiedenen anderen Lernräumen zu sehen. Um Eltern möglichst viele Einblicke in den schulischen Alltag zu geben, sollen ihnen Teilhabemöglichkeiten zur Verfügung stehen. Neben der Möglichkeit zur Hospitation und Beratung bereits vor

Schulantritt des Kindes und jederzeit während der laufenden Schulzeit können Eltern als Unterstützer und Experten eine wertvolle Ressource zur Gestaltung von Lernerfahrungen in und außerhalb der Schule sein. Indem Eltern im Lernprozess ihrer Kinder eine aktive Rolle spielen, lernen Kinder die Schule als wichtigen Ort mehr zu schätzen. Indem Eltern an schulischen Prozessen aktiv teilhaben, erleben sie die Lehrerinnen und Lehrer in Aktion und können pädagogisches Handeln in der Lerngruppe besser verstehen und wertschätzen. Werden Eltern als Experten in der Lerngruppe aktiv, werden ihr beruflicher Kontext und ihr Engagement in neuer Weise gewürdigt und wertgeschätzt. Es entsteht möglicherweise umso mehr ein Bild für die Kinder, dass es sich lohnt, erwachsen zu werden. Lehrpersonen sollen immer ein offenes Ohr für die Fragen und Anliegen der Eltern haben und gemeinsam mit ihnen den Grundkonsens darüber zu entwickeln, dass alle im Lernprozess beteiligten Erwachsenen an einer gesunden und erfolgreichen Entwicklung des Kindes interessiert sind.

Eltern in der Freien Werkschule Meißen

Die Freien Werkschule Meißen lebt von der Teilhabe der Eltern. Die Schule wurde von Eltern gegründet und aufgebaut. Ein aus Eltern bestehender Schulträgerverein betreibt die Schule. Wichtig in diesem Konstrukt sind die in Ziffer 5.3.4 beschriebene Rollenklarheit und gelebte Kultur. Bevor Eltern und Schule sich füreinander entscheiden, haben die Eltern und Schule vielfältige Gelegenheiten, sich kennenzulernen. Hospitationstage, an denen Werkschuleltern Interessierte durch den pädagogischen Alltag an der Grundschule führen, sind der Einstieg. Das Eltern-Kind-Seminar dient dem genaueren Kennenlernen. Hier lernen sich Eltern und Pädagoginnen und Pädagogen im Austausch über pädagogische Grundsätze und Arbeitsweisen der Schule kennen, während die Kinder in einer ersten „Schnuppererfahrung“ Werkschulatmosphäre erleben. Sie werden dabei von Lehrerinnen und Lehrern begleitet.

Im Schulalltag sind Eltern durch pflichtgemäße Elternarbeitsstunden im Leben der Schule integriert. Die Unterstützungsmöglichkeiten reichen von Materialerstellen, Begleitung von Projekten und Exkursionen über Instandsetzungsarbeiten bis hin zu Mitwirkung als Experten in Projekten und Gremien der Schule. Regelmäßige Elterntreffen im Rahmen der Stammgruppen, Elternabende und Ausflüge schaffen Verbindung und Miteinander. Durch Newsletter und eine gemeinsam mit den Kindern tagesaktuell gepflegte Internetseite der Stammgruppe können Eltern den schulischen Alltag verfolgen und mit ihren Kindern darüber ins Gespräch kommen.

6. Fazit, Ausblick und Zusammenfassung

„Die Bewegung des Lebens ist Lernen" lehrt Buddha. Lernen ist die Grundfähigkeit des menschlichen Lebens, sich in einer dynamischen Umwelt anpassen und behaupten zu können. Lernen ist stete Weiterentwicklung. Lernen ist Leben. Lernen vollzieht sich lebenslang.

40% unserer persönlichen Zufriedenheit und unseres Glücks liegen in unserer Hand. Damit beeinflussen wir auch unsere Gesundheit. Aber des eigenen Glückes Schmied zu sein, muss gelernt werden.

Die Faktoren für ein glückliches, sinnerfülltes und gesundes Leben, die aus der Grant Study hervorgehen, sind eng mit unserer individuellen Persönlichkeit verknüpft. Die Art und Weise, wie diese Persönlichkeit sich mit anderen Persönlichkeiten in soziale Beziehung setzt, altruistisch hilft, gemeinsam Werte schöpft, liebt, sich trennt, sich eingebunden fühlt, scheinen das Lebensgefühl des Einzelnen auszumachen. Ruth Cohn beschreibt diesen Wirkzusammenhang eindrücklich im dynamischen Vier-Faktoren-Modell (TZI-Dreieck): In einem Umfeld (GLOBE) wirkt das ICH gemeinsam im WIR an einem gemeinsamen ES (der Sache). Die Balance dieser Wirkbeziehung, das Spiel von Autonomie und Interdependence sind grundlegende Faktoren im menschlichen Zusammenleben.[128]

Die menschliche Persönlichkeit ist zutiefst geprägt durch die Entwicklung des menschlichen Gehirns. Ererbte Anlagen und epigenetische Prozesse aufgrund von Umweltbedingungen während der Schwangerschaft liefern die Grundausstattung für das menschliche Gehirn und damit für die Persönlichkeit. Spätestens mit der Geburt ist es entscheidend, welche Umgebungsbedingungen zum Verlauf der weiteren Ausprägung des Gehirns und damit der Persönlichkeit beitragen. Den in dieser Umgebung agierenden Menschen (Eltern, Geschwister, Freunde, Lehrerinnen und Lehrer, Erzieherinnen und Erzieher, Partner, Kolleginnen und Kollegen, usw.) kommt vor allem in den ersten Lebensjahren eine enorme Verantwortung zu, die Lebensumfelder der heranwachsenden Persönlichkeit in ihrem Sinne bestmöglich zu gestalten. Im Verlaufe einer Zeitspanne von etwa 20 Jahren haben sich die wesentlichen Persönlichkeitsmerkmale des jungen

[128] Vgl. RUTH COHN INSTITUTE FÜR TZI INTERNATIONAL (2018)

Menschen herausgebildet. Er sollte nun selbstständig seine weitere Entwicklung in die Hand nehmen können.
Entwicklungsziel der ersten 20 Lebensjahre ist die Herausbildung einer eigenständigen Persönlichkeit, die in der gesellschaftlichen Gemeinschaft ihren von Zufriedenheit, Glück und Gesundheit geprägten Platz zu finden im Stande ist und in der Lage, ihren Beitrag zur Entwicklung dieser Gemeinschaft zu leisten.
Schulisches Lernen ist ein wesentlicher Abschnitt in diesem Entwicklungsprozess. In Deutschland verbringen Kinder und Jugendliche aufgrund der Schulpflicht einen großen Teil ihrer Lebenszeit bis zum Alter von zwanzig Jahren in Kindergärten und Schulen. Ziele der Schulen sind im Bildungsauftrag formuliert und umfassen genau die weiter oben genannten Aspekte der Herausbildung einer eigenständigen Persönlichkeit.
Aktuelle neurowissenschaftliche, medizinische, psychologische und lernwissenschaftliche Erkenntnisse liefern klare Hinweise, wie gelingende Lernprozesse im Allgemeinen und schulische Lernprozesse im Besonderen beschaffen sein müssen. Dabei scheint es so, dass die Neurowissenschaften weitere, zum Teil auch evidentere Beweise für bereits aus dem Altertum überlieferte Postulate guten Lernens liefern können.
Gesunde Beziehungen sind die Grundlage gesunden Lernens. Den Lehrpersonen kommt bei der Gestaltung von Umgebungen, die gesunde Beziehungen ermöglichen, eine vorrangige Verantwortung zu. Dazu braucht es empathische, lustvolle, lernfreudige, hochmotivierte und exzellent ausgebildete Lehrpersönlichkeiten, die authentisch und glaubwürdig, achtungsvoll und mitfühlend, verantwortungsvoll und selbstsicher, aber auch vertrauensvoll die gesunde und individuelle Entwicklung des Lernenden in den Mittelpunkt ihres Handelns stellen.
Diese enorme Herausforderung ist von Einzelnen nicht in optimaler und exzellenter Weise leistbar. Um gutes Lehren sicher zu stellen, bedarf es Lehrerinnen und Lehrer, die sich gemeinsam entwickeln wollen, die eine offene und authentische Kultur des Miteinanders leben, die Fehler begrüßt und die Individualität des Einzelnen aus dem kollektiven Wissensfundus stärkt und würdigt. Gesunde Schulen sind daher Organisationen, die eine gemeinsame Kultur entwickeln, die die gesunde Entwicklung junger Menschen zum Ziel hat. Gemeinsame Ziele entstehen im Konsent und sind die Basis des pädagogischen Konzeptes. Die gemeinsame Kultur ist inklusiv und geprägt von Wertschätzung, Gleichwürdigkeit, Authentizität und Teilhabe. Leitungspersonen sehen sich als Coach und Beförderer dieser gemeinsamen Kultur und tragen Verantwortung dafür, dass zum System hinzukommende Menschen wertschätzend willkommen geheißen

werden. Dazu ist das bestehende System bereit sich zu verändern. Gesunde Schulen sind daher evolutionäre Systeme, die einer gemeinsamen Entwicklung offenstehen. Gesunde Lernprozesse sind geprägt von Achtung und Wertschätzung, einem auf den optimalen Lernfortschritt der Lernenden bezogenen Methodenmix, die vielfältige Verknüpfbarkeit neuer Lerninhalte mit bereits vorhandenem Wissen und Erfahrungen und die vielfältige Wiederholung gelernter Inhalte in verschiedenen Kontexten. Wechselseitige Feedbackprozesse, die dem Lernenden seine Entwicklungsschritte und seinen Kompetenzzuwachs in einfühlender und klarer Weise sichtbar machen und dem Lehrenden die Wirksamkeit seines pädagogischen Handelns überprüfen lassen, stärken Selbstwirksamkeit, Selbsttätigkeit, Verantwortung und Motivation. Lernprozesse sind gesund, wenn der Lehrende sein Handeln durch die Augen der Lernenden betrachtet und die Lernenden zunehmend sich selbst als ihre Lehrenden erkennen. Gesundes schulisches Lernen heißt, das Lernen zu lernen und als höchst erfüllenden und glückbringenden Prozess zu erleben und zu verinnerlichen. Gesundes Lernen heißt, allein oder in Gruppen in geschützten Kontexten Erfahrungen zu machen und Herausforderungen zu meistern und dabei Irrwege und Fehler zu begrüßen, um daraus neue Schritte für die weitere Entwicklung ableiten zu können und schrittweise eine Ahnung davon zu entwickeln, was es heißt, des eigenen Glückes Schmied zu sein.

Im vorangehenden Text zeigt sich auch ein mögliches Dilemma: Schulische Lernprozesse sind in hohem Maße von der Persönlichkeit der Lehrenden und den durch sie geprägten Lernkulturen abhängig. Daraus leitet sich eine dringende Entwicklungsnotwendigkeit für die in Schulen und anderen Lernfeldern agierenden Erwachsenen, Eltern und letztlich die umgebende Gesellschaft ab. Lehrpersonen an Schulen geraten durch die sich wandelnden gesellschaftlichen und politischen Erwartungen immer mehr unter Handlungsdruck. Gleichsam scheint es, als würden sie in dieser Entwicklungsaufgabe allein gelassen. Lehrende benötigen dringend Unterstützung in Form von Sofortmaßnahmen, die Stress und Erwartungsdruck lindern, um sich den eigentlichen Intentionen des gesunden Lehrerseins wieder zuwenden zu können. Unterstützungsmaßnahmen müssen durch die Augen der Lehrenden gesehen und mit den Lehrenden konzipiert werden, denn auch Lehrende wollen nicht belehrt werden, sondern Unterstützung zur eigenen Entwicklung erhalten. Gesetzliche Regelungen scheinen den Schulen eine große und autonome Verantwortung in der Entwicklung eigener Konzepte und Schulprogramme zuzugestehen. Allerdings bedarf es starker Schulleitungen die diese Autonomie mit Leben erfüllen und gegenüber den Schulbehörden offensiv vertreten. Auch

Lehrpersonen unterscheiden sich nicht von anderen Menschen in ihren Wünschen an ein glückvolles und erfüllendes Leben. Daher sind agile Entwicklungskonzepte für Schulen die besseren Prädiktoren einer Bindung der Mitarbeitenden und der emotionalen Verbindung zum Arbeitsort als Gehaltserhöhungen und das Verbeamtungsangebot.
Es ist anzunehmen, dass der Wunsch, selbst einen pädagogischen Beruf zu ergreifen, in denjenigen Menschen heranreift, die in ihrer Persönlichkeit Indizien der oben genannten Lehrendenpersönlichkeit wahrzunehmen glauben oder in gesunden Schulen als Peers in Lernprozessen Erfahrungen gesammelt haben. Gleichsam könnte die Motivation darin bestehen, gemachte negative Lernerfahrungen als *bessere Lehrperson* zu vermeiden. Eine Studie zur Motivation, ein Lehramtsstudium anzutreten, zeigt, dass fast die Hälfte der Studierenden glaubt, zu einer guten Lehrperson befähigt zu sein. Fast 70 % halten es für wichtig, zur Persönlichkeitsentwicklung Heranwachsender beitragen zu können.[129] Diese stark durch enorme Fähigkeitsüberzeugung und Berufung geprägte Ausgangsmotivation scheint im Laufe des Studiums und spätestens im Vorbereitungsdienst durch diametrale Erfahrungen gedämpft bzw. zerstört zu werden. Absolventen machen die Erfahrung der Hilflosigkeit, des Überfordertseins und mangelnder Anerkennung ihrer Ideen und Konzepte. Die Befunde zeigen, dass die Lehrerbildung einer dringenden Reform bedarf, die wiederum das universitäre Lernen durch die Augen der Studierenden sieht. Die Persönlichkeitsentfaltung junger Menschen als Lehrperson begleiten zu wollen, erfordert eine eigene, stabile Persönlichkeit besonderer Ausprägung. Die dazu erforderlichen Merkmale können nicht ausschließlich theoretisch gelernt werden. Das Lehramtsstudium benötigt daher einen starken und über das gesamte Studium verteilten Praxisbezug. Studierende sammeln, von gut ausgebildeten und mit ausreichend Zeit ausgestatteten Mentorinnen und Mentoren unterstützt, Erfahrungen im Schulalltag. Dafür werden sie in gemeinsam arbeitenden Lehrerinnen- und Lehrerteams willkommen geheißen. Die gemachten Erfahrungen werden im Fachstudium mit fachlichem und methodischem Wissen verknüpft und wertschätzend reflektiert. Durch ein verpflichtendes und begleitetes Entscheidungsjahr im Sinne eines Praktikums an einer Schule im In- oder Ausland im Vorfeld des Lehramtsstudiums wird es für die zukünftigen Studierenden möglich, ihre inneren beruflichen Motive mit den gemachten Praxiserfahrungen abzugleichen und bei bestehender Kongruenz ihre Entscheidung zu treffen. Gleichsam bedarf es der interdisziplinären Zusammenarbeit von Wissenschaft und Wissenschaft und Wissenschaft und Praxis, um die Konzepte der Lehrerbildung weiterzuentwickeln.

[129] Vgl. GRÜNEBERG, T., KNOPF, A. (2015), S. 3 + 32f.

Der Kontext dieser Arbeit beschränkt sich auf gesellschaftliche Entwicklungen einer entwickelten Industriegesellschaft, insbesondere auf Deutschland. Die Herausforderungen einer sich global entwickelnden Welt mit einer immer größeren weltweiten Durchmischung konnten in dieser Arbeit keine Beachtung finden, wenngleich die Vermutung besteht, dass sich viele der genannten Faktoren gesunder Entwicklung und des Lernens weltweit übertragen lassen.

Gesellschaftliche und menschliche Entwicklungsprozesse sind evolutionär, multidimensional vernetzt und komplex. Veränderungen zeigen sich daher nur langsam und erfordern Geduld und Zufriedensein mit kleinen Schritten. Studien scheinen zu belegen, dass die eingeschlagenen Wege der Gesellschaft in Richtung Selbstverantwortung und gemeinschaftlicher Verantwortung für Wohlbefinden, Gesundheit und Glück weisen. Diese Entwicklung kann optimistisch stimmen und das eigene Handeln beflügeln.

Lehren und Lernen brauchen Persönlichkeit und Lernen ist der Fluss des Lebens.

7. Literaturverzeichnis

ALBERT, M., HURRELMANN, M., QUENZEL, G., TNS Infratest Sozialforschung (2015): Jugend 2015 – Eine pragmatische Jugend im Aufbruch, Fischer Taschenbuch, Frankfurt/M. 2015

AON (2015a): Fachmodul Persönlichkeitsentwicklung, AON GmbH, Köln, 2015

AON (2015b): Fachmodul Motivation und Entscheidung, AON GmbH, Köln, 2015, S.3 ff.

AON (2015c): Fachmodul Lernprozesse, AON GmbH, Köln, 2015

AON (2016a): Fachmodul Gesundheit, AON GmbH, Köln, 2016

AON (2016b): Fachmodul Bewusstsein und Aufmerksamkeit, AON GmbH, Köln, 2016

BAARS, BJ. (2005): Global workspace theory of consciousness: toward a cognitive neuroscience of human experience, Prog Brain Res. 2005;150:45-53. Online im Internet: https://www.ncbi.nlm.nih.gov/pubmed/1618601, Abruf: 14.07.2018

BARTSCH, T. (2015): Störungen der Gedächtnisfunktion - ein Überblick, Springer Verlag, 2015

BECK, K., et. al. (2001): Manifest für Agile Softwareentwicklung, 2001, Online im Internet: http://agilemanifesto.org/iso/de/manifesto.html, Abruf: 19.07.2018

BENDEL, O. (2018): Industrie 4.0, Gabler Wirtschaftslexikon online, Gabler/Springer, 2018 Online im Internet: https://wirtschaftslexikon.gabler.de/definition/industrie-40-54032, Abruf: 18.07.2018

BENSON, H., STUART, EM. (1993): The wellness book. The comprehensive guide to maintaining health and treating stress-related illness, New York, Fireside, 1993

BERGMANN, F. (2004): Neue Arbeit, neue Kultur, Arbor, 2004

BOTH, T., AINSCOW, M. (2003): Index für Inklusion, deutschsprachige Ausgabe, Martin-Luther-Universität Halle-Wittenberg, Halle, 2003

BRÜGELMANN, H. (2008): Wie verbreitet ist offener Unterricht? Online im Internet: https://www.grundschulverband.de/fileadmin/bilder/Publikationen/Grundschuleltern/GSE_20123_6_.ideen__prinzipien_offen_anfangsunterricht.OU_verbreitung.120814.pdf, Abruf: 20.07.2018

BUCK, J. A., ENDENBURG, G. (2005): Die kreativen Kräfte der Selbstorganisation, Sociocratisch Centrum, Rotterdam, 2005

BUNDESVERFASSUNGSGERICHT (2006): BVerfG, 2 BvR 1693/04 vom 31. 5. 2006, Abs. 16 aa./ Abs.19

CARUSO, M. (2006): Der umgekehrte Pfeil. Analytische und politische Potenziale der Idee einer 'Bildungsgesellschaft, In: Zeitschrift für Pädagogik, 52, 2006

CZIKSENTMIHALYI, M. (1990): Flow – The Psychology of optimal experience, Harper & Row, ResaercheGate, 1990

DESTATIS, Deutsches Statistisches Bundesamt (2018): Schulen auf einen Blick, 2018, Online im Internet: www.destatis.de/publikationen

DESTATIS, DEUTSCHES STATISTISCHES BUNDESAMT (2017): Betreuungsquoten der Kinder unter 6 Jahren am 01.03.2017, Online im Internet: https://www.destatis.de/DE/ZahlenFakten/GesellschaftStaat/Soziales/Sozialleistungen/Kindertagesbetreuung/Tabellen/Tabellen_Betreuungsquote.html;jsessionid=7C2460A27934E615B71CF2CD15043A5D.InternetLive1, Abruf: 06.07.2018

DEUTSCHE STATISTISCHES BUNDESAMT (2018b): Kinder und tätige Personen in Kindertageseinrichtungen, Statistisches Bundesamt, 2018

DIENER, E., SUH, E.M., LUCAS, R.E. UND SMITH, H.L. (1999): Subjective wellbeing: Three Decades of Progress, Psychological Bulletin, 125, 1999

EKMAN, P. (1992): Are There Basic Emotions, Psychological Review, Vol.99 Nr.3, 1992

ESCH, T. (2017): Neurobiologie des Glücks, Georg Thiem Verlag, 3.Auflage, Stuttgart/NewYork, 2017

ESCH, T., ESCH, S.M. (2016): Stressbewältigung, MVW Medizinische Verlagsgesellschaft Berlin, 2016

ESCHNER, C. (2017): Erziehungskonzepte im Wandel: Eine qualitative Inhaltsanalyse von Elternratgebern 1945 bis 2015" Springer-Verlag, 2017

FREISTAAT SACHSEN (2004): Schulgesetz für den Freistaat Sachsen in der Neufassung vom 16.07.2004, § 1 (1) Online im Internet: https://www.revosax.sachsen.de/vorschrift/4192-Saechsisches-Schulgesetz, Abruf: 19.07.2018

GALLUP GMBH (2017): Gallup engagement index 2016, Gallup Inc., 2017, Online im Internet: http://www.gallup.de/file/184019/Metaanalyse_2016.pdf?g_source=link_intdede&g_campaign=item_183104&g_medium=copy , Abruf: 20.07.2018

GOSCHKE, T. (2013) "Motivation, Emotion, Volition Volitionspsychologische Ansätze I", TU Dresden, FR Psychol., 2013, Online im Internet: https://tudresden.de/mn/psychologie/allgpsy/ressourcen/dateien/lehre/lehreveranstaltungen/goschke_lehre/ws_2013/vl_motivation/VL07-Volition-Teil-I.pdf?lang=de , Abruf: 15.07.2018

GRAMS DAVY, S. (2017): Zufriedene Lehrer machen Schule, Waxmann Verlag, Münster, 2017

GRÜNEBERG, T., KNOPF, A. (2015): Studienmotivation im Lehramt", Universität Leipzig, Leipzig, 2015, Online im Internet: http://www.zls.unileipzig.de/fileadmin/user_upload/Dokumente/Forschung/Studienmotivation_im_Lehramt__2015___Zwischenbericht_Grueneberg_und_Knopf.pdf,
Abruf: 23.07.2018

HANSON, R. (2010): The awakened brain, FACESconference. 2010, Online im Internet: https://media.rickhanson.net/home/files/SlidesFACES2010AwakenedBrain.pdf, Abruf: 05.07.2018

HATTIE, J. (2015): Lernen sichtbar machen, überarbeitete deutschsprachige Ausgabe, 3. Auflage, Schneider Verlag Hohengehren, Baltmannsweiler 2015

HATTIE, J. (2014): Lernen sichtbar machen für Lehrpersonen, Schneiderverlag Hohengehren, Baltmannsweiler, 2014

HEBESTREIT, R. (2013): Partizipation in der Wissensgesellschaft, Springer VS, Wiesbaden, 2013

HECHT, M. (2009): Selbsttätigkeit im Unterricht, VS Verlag für Sozialwissenschaften, Wiesbaden, 2009

HEUBLEIN, U., et al. (2010): Ursachen des Studienabbruchs in Bachelor- und in herkömmlichen Studiengängen, HIS: Forum Hochschule, 2010, Online im Internet: https://www.dzhw.eu/pdf/pub_fh/fh-201002.pdf, Abruf: 22.07.2018

HORX, M. (1999): Die acht Sphären der Zukunft, Signum-Verlag, Wien/Hamburg, 1999

INSTITUT FÜR DEMOSKOPIE ALLENSBACH (2012): Lehre(r) in Zeiten der Bildungspanik, Vodafone Stiftung Deutschland. Düsseldorf. 2012, Online im Internet: https://www.vodafone-stiftung.de/uploads/tx_newsjson/allensbach_04_2012.pdf, Abruf: 20.07.2018

JUUL, J. (2008): Nein aus Liebe. Klare Eltern – Starke Kinder, Kösel Verlag, 2008

KAHL, R. (20004): Treibhäuser der Zukunft, Archiv der Zukunft, 2004

KLEMM, K., ZORN, K. (2018): Lehrkräfte dringend gesucht, Bertelsmann Stiftung, 2018, Online im Internet: https://www.bertelsmann-stiftung.de/fileadmin/files/BSt/Publikationen/Graue-Publikationen/BST-17-032_Broschuere-Lehrkraefte_dringend_gesucht_GESAMT_WEB.pdf, Abruf: 20.087.2018

KULTUSMINISTERKONFERENZ (2004): Standards für die Lehrerbildung, Beschluss vom 16.12.2004, Onine im Internet: https://www.kmk.org/fileadmin/veroeffentlichungen_beschluesse/2004/2004_12_16-Standards-Lehrerbildung.pdf, Abruf: 20.07.2018

LALOUX, F. (2017): Reinventing Organizations, Verlag Franz Vahlen, München, 2017

LARGO, R.H., BEGLINGER, M. (2009): Schülerjahre, Pieper Verlag, München, 2009

LASNIA, M., NOWOTNY, V. (2017): Agile Evolution, BusinessVillage GmbH, Göttingen, 2018

LENZEN, D. (2014): Psychische Belastungen und Burnout beim Bildungspersonal, Waxmann Verlag, Münster, 2014

LIN-KLITZING, S. (2011): Lehrerfortbildung zum Offenen Unterricht, Schneiderverlag. Hohengehren, 2011

LYKKEN, D., TELLEGEN, A. (1996): Happiness is a stochastic phenomenon, Psychological Science, 8, 1996

LYUBOMIRSKY, T. (2018): Glücklich sein, 2., aktualis. Neuauflage, Frankfurt/M., Campus Verlag

RILLING, JK, YOUNG, LJ (2014): The biology of mammalian parenting and its effect on offspring social development, Science. 2014 Aug 15;345(6198):771-6. doi: 10.1126/science.1252723. Epub 2014 Aug 14

ROSS, H., YOUNG, L. (2009): Oxytocin and the neural mechanisms regulating social cognition and affiliative behavior, Front Neuroendocrinol. 2009 Oct;30(4):534-47, Epub 2009 May 28.

ROTH, G. (2015): Bildung braucht Persönlichkeit, 2. Erweiterte und überarbeitete Auflage, Klett-Cotta, Stuttgart, 2015

ROTH, G. (2016): Persönlichkeit, Entscheidung und Verhalten, Klett-Cotta, 11. Auflage, Stuttgart, 2016

RUTH COHN INSTITUTE FÜR TZI INTERNATIONAL (2018): Die wesentlichen Elemente des TZI-Konzeptes, Online im Interent, https://www.ruth-cohn-institute.org/tzi-konzept.html, Abruf: 23.07.2018

RÜTHER, C. (2017): Soziokratie: Ein Organisationsmodell. Grundlagen, Methoden und Praxis, 2. Auflage, Books on Demand, 2017

SÄCHSISCHES STAATSMINISTERIUM FÜR KULTUS (2011): Der Sächsische Bildungsplan, Verlag Das Netz, Berlin, 2011

SCHWABER, K., SOUTHERLAND, J. (2017): The ScrumGuide, 2017, Online im Internet: https://www.scrumguides.org/docs/scrumguide/v2017/2017-Scrum-Guide-German.pdf, Abruf: 18.07.2018

SCHWARZWÄLDER, T. (2014): Stress und Stressbewältigung - Eine empirische Studie mit Handballschiedsrichtern, DissertaVerlag Hamburg, 2014

SHAH, B., BARSKY, J., VAILLANT, G., WALDINGER, R.J. (2014): Childhood environment as a predictor of perceived health status in late life, Health Psychology Research, volume 2:1560, 2014

SOLDZ, S., VAILLANT, G.E. (1999): The Big Five Personality Traits and the Life Course: A 45-Year
Longitudinal Study, Journal of Research in Personality 33, 1999

STEMMLER, G., HAGEMANN, D., AMELANG, M., SPINATH, F., BARTUSSEK, D. (2016): Differentielle Psychologie und Persönlichkeitsforschung (Kohlhammer Standards Psychologie), 8. überarbeitete Auflage, Kohlhammer W., GmbH, 2016

STRAUSS, B., BUCHHEIM, A., KÄCHELE, H. (2002): Klinische Bindungsforschung: Theorien - Methoden - Ergebnisse, Schattauer, F.K. Verlag, 2002

TENORTH, H.E. (2008): Kurze Geschichte der allgemeinen Schulpflicht, In: Le Monde diplomatique Nr. 9/2008

UNICEF DEUTRSCHLAND (2012): Schule ist Vollzeitjob für Kinder, Unicef Deutschland, Berlin, 2012, Online im Internet: https://www.unicef.de/informieren/aktuelles/presse/2012/schule-ist-vollzeitjob-fuer-kinder/14834 , Abruf: 08.07.2018

VANOTTI, M. (2005): Die Zusammenhänge zwischen Interessenkongruenz, beruflicher Selbstwirksamkeit und verwandten Konstrukten, Cuvillier Verlag, Göttingen 2005

JANK, W., MEYER, H. (2018): Didaktische Modelle, 12. Auflage, 2018, Cornelsen Verlag, Berlin 2018

WALDINGER, R. (2015): Was ist ein gutes Leben? Lehren aus der längsten Studie über Glück, *TEDxBeaconStreet, NewYork, 2015,* Online im Internet: *https://www.ted.com/talks/robert_waldinger_what_makes_a_good_life_lessons_from_the_longest_study_on_happiness?language=de,* Abruf: 01.07.2018

WALTER, O. (2011): Verhaltenswissenschaft, 2004-2011, Online im Internet: http://www.verhaltenswissenschaft.de/Psychologie/Personlichkeit/Intelligenz/intelligenz.htm, Abruf:11.07.2018

WHO (1984): Satzung der WHO, Online im Internet: http://apps.who.int/gb/bd/PDF/bd47/EN/constitution-en.pdf, Abruf: 02.04.2018

WHO (1986): Ottawa Charta zur Gesundheitsförderung, autorisierte Übersetzung: Hildebrandt/Kickbusch, http://www.euro.who.int/__data/assets/pdf_file/0006/129534/Ottawa_Charter_G.pdf?ua=1, Abruf: 02.04.2018

WHO (1997): Die Jakarta-Erklärung zur Gesundheitsförderung für das 21.Jahrhundert, Online im Internet: http://www.who.int/healthpromotion/conferences/previous/jakarta/en/hpr_jakarta_declaration_german.pdf Abruf: 02.04.2018

ANHANG

Befragung von Schülerinnen und Schülern nach dem Index für Inklusion.

Auszüge

Schulkultur

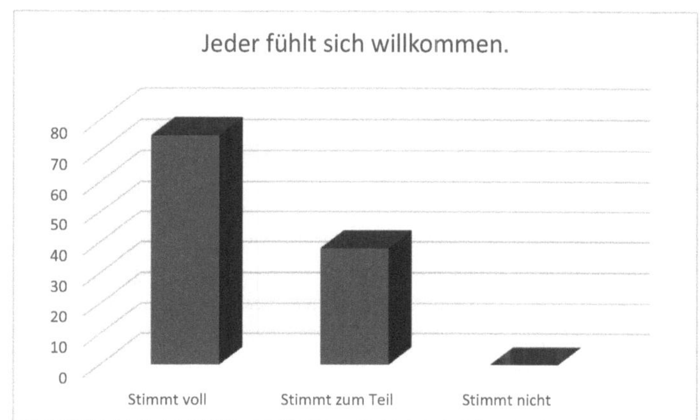

Abbildung 1

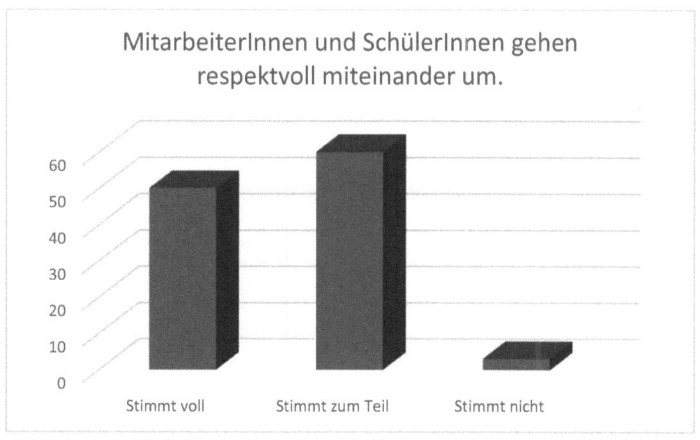

Abbildung 2

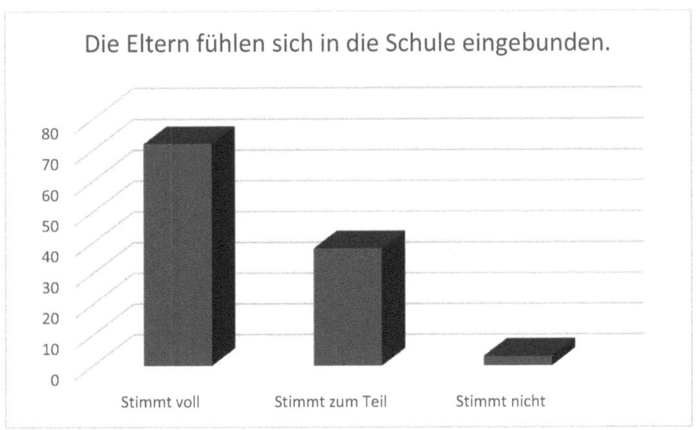

Abbildung 3

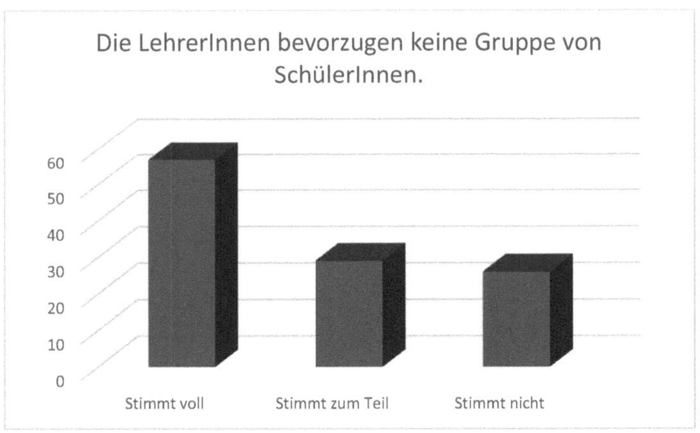

Abbildung 4

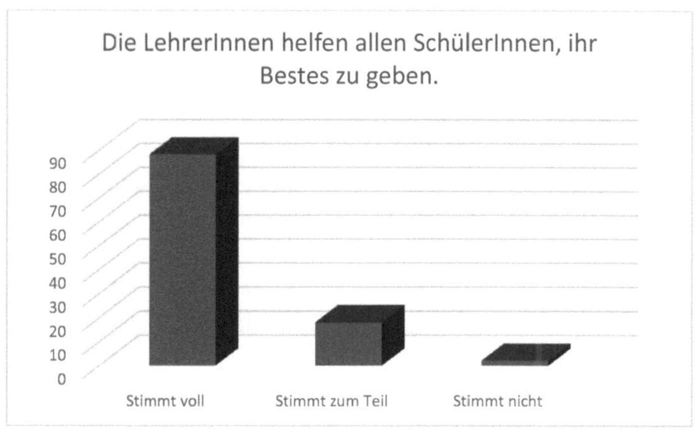

Abbildung 5

Abbildung 6

Struktur

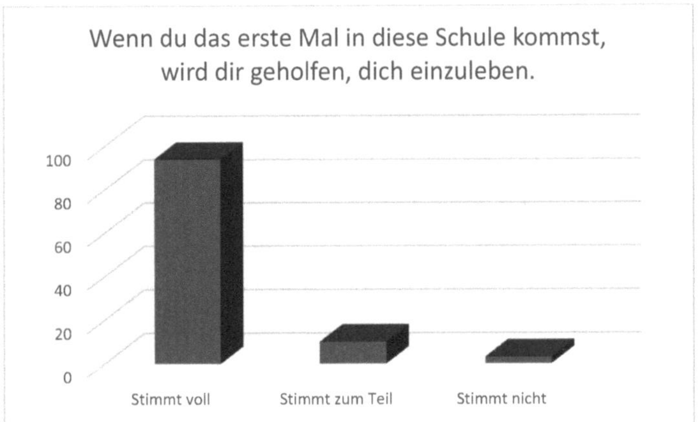

Abbildung 7

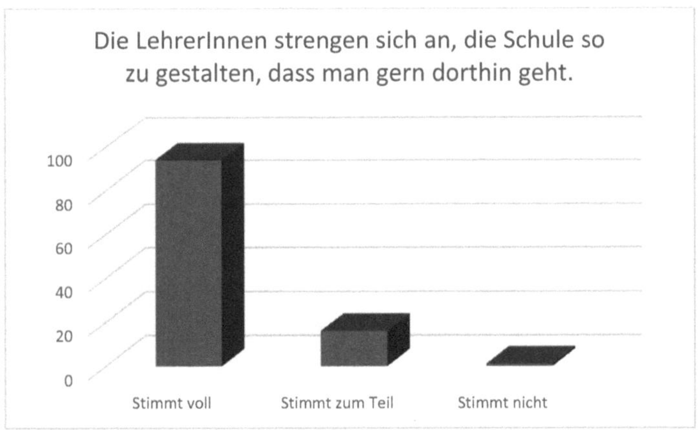

Abbildung 8

Praktiken

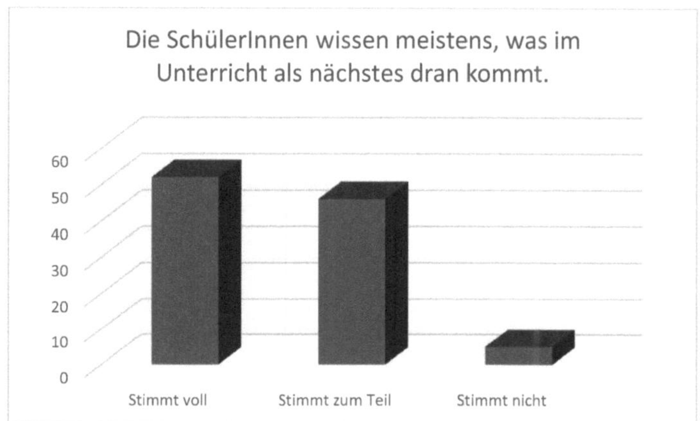

Abbildung 9

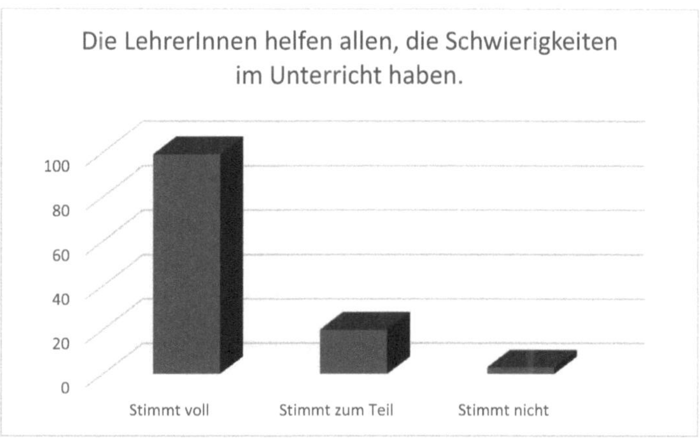

Abbildung 10

Meine Grundschule

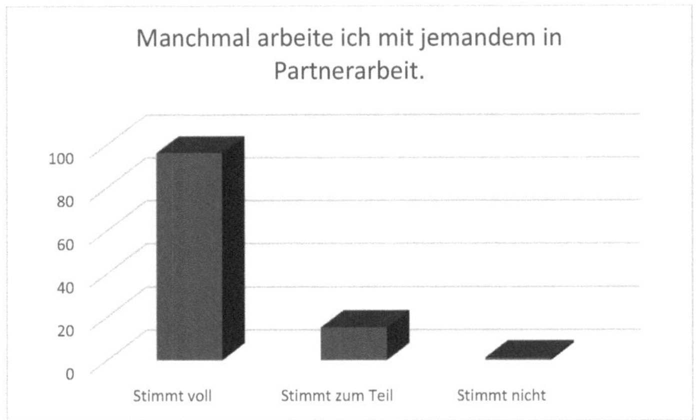

Abbildung 11

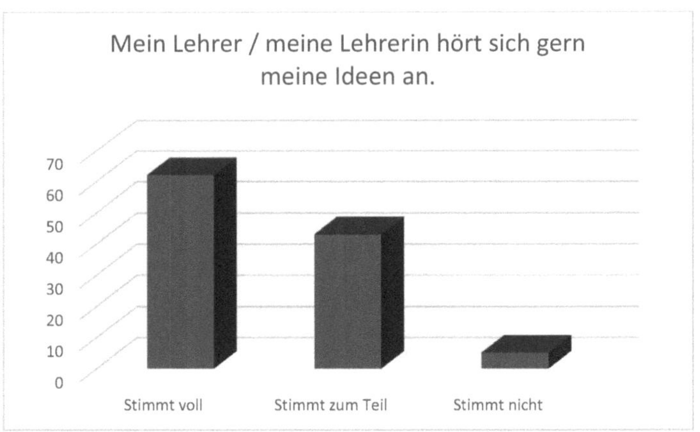

Abbildung 12

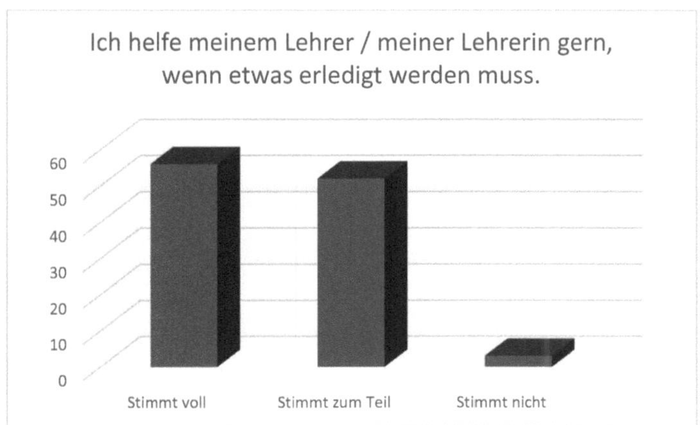

Abbildung 13

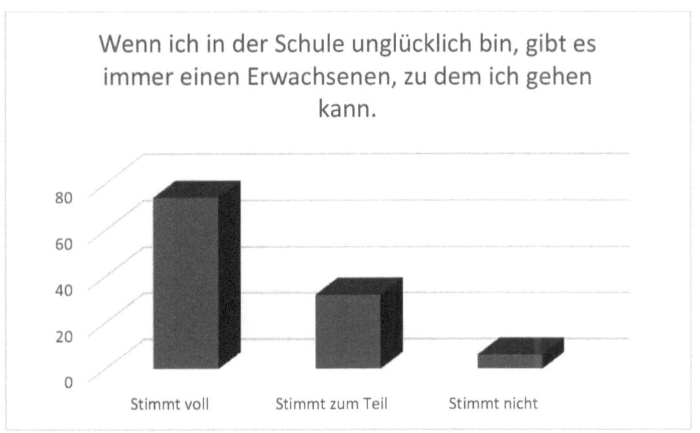

Abbildung 14

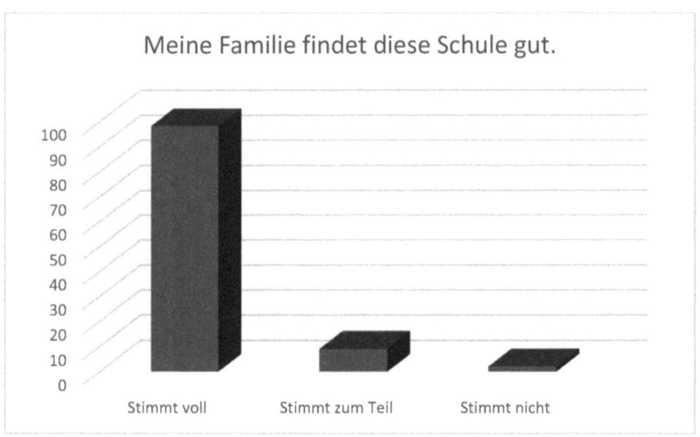

Abbildung 15

Printed by Books on Demand GmbH, Norderstedt / Germany